라마나 프라사담 오픈 기념 출판물
불멸의 의식

Absolute Consciousness
As selected by Grace J. Mc Martin

Published by
Ramana Maharshi Centre for Learning.
40/41, 2nd Cross Road, Lower Palace Orchards
Bangalore - 560 003
(Second Edition : 1997)

Copyright © Ramana Maharshi Center for Learning
Korean translation copyright © 2008 Sri Krishnadass Ashram
Published under agreement with Ramana Maharshi Center for Learning

이 책의 한국어판 저작권은 Ramana Maharshi Center for Learning과의 계약에 의하여 슈리 크리슈나다스 아쉬람에 있습니다. 저작권법에 의해 보호받는 저작물이므로 무단 전재와 복제를 금합니다.

라마나 프라사담 오픈 기념 출판물

불멸의 의식

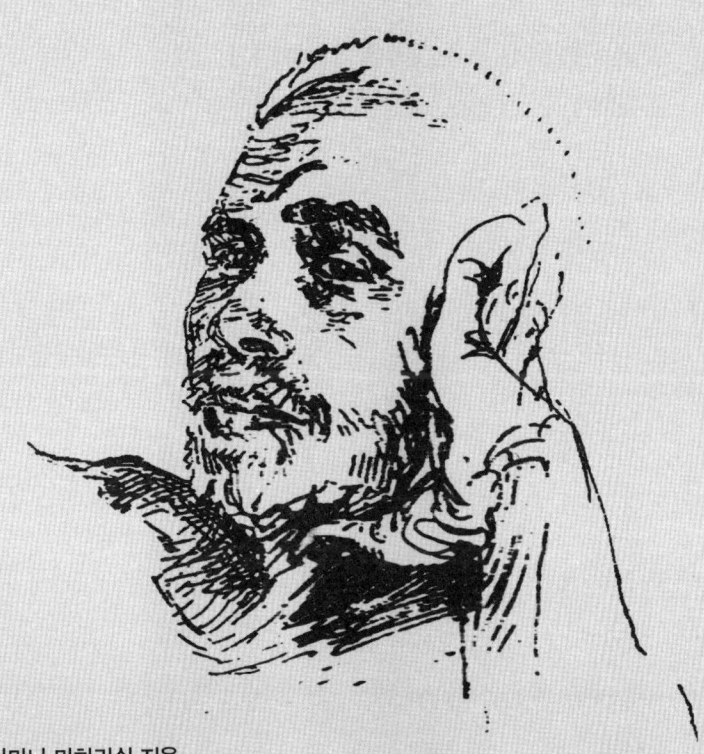

라마나 마하리쉬 지음
맥 마틴 편집
김병채 옮김

슈리 크리슈나다스 아쉬람

바가반 라마나 마하리쉬 홀

홀의 울타리는 그분의 지혜의 보석들로 덮여 있다.

발행자의 인사말

1996년은 라마나의 물결의 역사에서 아주 특별한 해이다. 7월 17일에는 라마나님이 깨달음을 얻은 지 100주년을 맞이하게 된다. 1996년 9월 1일은 라마나님이 아루나찰라에 온 지 100주년이 된다. 이 역사적 사건을 축하하기 위하여 라마나 마하리쉬 센터에서는 100권의 책을 출간하기로 하였다. 《불멸의 의식》이라는 이 책은 축복받았다. 왜냐하면 이 책은 그 100권 중 첫 번째 책이기 때문이다.

슈리 라마나스라맘의 총재인 슈리 V.S 라마난님은 친절하게도 아쉬람 출판의 사진들과 자료들을 사용하도록 허락하였다. 그레이스 제이 맥마틴은 깊은 헌신과 지혜로 자료들을 발췌하였으며, 출판을 위해 필요한 기금도 주었다. 사라다 박사는 교정을 보았으며, 또한 많은 노력을 기울여 그레이스가 바라는 대로 사진들을 적절하게 배치하였다. 슈리 무랄리다라 헤지 씨는 그의 독특한 감각으로 표지를 디자인하였다. 마야 크리슈나무르티는 그녀가 개인적으로 소장하고 있던 표지의 사진을 제공해 주었다. 비스와스 서비스에서는 타이핑을 깔끔하게 해 주었다. 모던 프로세스 프린터스는 인쇄를 깔끔하게 해 주었다. 이 모든 분들에게 라마나 마하리쉬 센터는 가슴 깊이 감사를 드린다.

1996년 2월 17일
라마나 마하리쉬 방갈로르 학습 센터 회장
A.R. 나타라잔

서문

이 책은, 유일한 하나의 실재는 영원하고 실재하며 어디에나 있는 절대자라는 바가반 라마나 마하리쉬의 귀중하고 직접적이고 심오한 가르침들 가운데 일부를 발췌하여 보여 주고 있다.

바가반의 가르침은 영적 지혜의 향기이자 바탕이다.

모든 단어와 문장은 바가반의 가르침으로부터 나온 것들이다. 그것들은 헌신자들의 질문에 대한 바가반의 답변들이다. 원문을 간결하게 요약한 곳은 별표(*)로 표기하였다.

앞서 말한 것처럼 바가반의 가르침은 대부분 구도자들의 질문에 대한 답변들이다. 그러나 이 책에서는 질문들을 생략하였다. 어떤 면에서는 질문들이 바가반의 가르침을 직접적으로 이해하는 데 장애가 될 수 있으므로 질문들을 생략하는 편이 더 나은 것 같았다. 때로는 가르침의 완전한 의미를 파악하지 못할 수도 있지만, 앉아 있거나, 걷거나, 음식을 먹거나, 책을 읽거나 혹은 심지어 잠을 자는 동안에 매우 놀랍고 예기치 않은 방식으로 문득 그 의미가 다가올 것이다. 그 의미가 확 들어오며, 그래서 선명히 이해하게 된다.

바가반 라마나 마하리쉬는 대중을 상대로 강연한 적이 없다. 바가반은 침묵으로 대부분의 시간을 보냈다. 바가반은 침묵과 자비로운 바라봄으로 잘 알려져 있다. 바가반은 침묵이 확실한 가르침이라 하였다. 침묵은 언제나 말하고 있다. 침묵은 끊임없이 흐르는 언어이다. 바가반이 말한 대로 침묵은 영원하며 온 인류에게 이로움을 준다…… 바가반의 가르침이 침묵을 통하여 알려졌듯이…… 침묵은 그치지 않는 웅변이다. 침묵만이 영원한 말이며, 가슴에서 가슴으로 전해지는 하나의 말이다.

이 책은 3부로 이루어져 있다.

제1부는 바가반의 주된 가르침이며 직접적인 길이자 의식인 "난 야르(Nan Yar, 나는 누구인가?)"로 시작한다.

제2부는 영원하고 무한하며 변함없는 의식을 다루고 있다.

제3부는 자기 탐구, 자아, 마음, 환생과 다른 주제들을 다루고 있다.

이 책에서 가끔 반복되는 말이 있을 것이다. 그러나 그것은 단순한 반복이 아니라 바가반의 가르침의 연속이다. 저항하는 마음이 가르침을 받아들이도록 하기 위해서는 반복이 필요하다.

바가반은 말했다:

자아와 다름없는, 내가 몸이라는 지식은 자기 자신에 대한 그릇된 지식입니다.

자기 자신에 대한 진정한 지식은 우리가 한계 없는 나라는 자각입니다.

진정한 구도자라면 누구나 바가반 라마나 마하리쉬의 가르침을 알아야 한다. 바가반의 가르침은 자기 존재의 핵심을 알고자 탐구하려 하는 진지한 구도자에게는 특별히 가치가 있다. 그대의 가장 깊은 곳에 있는 핵심이며 가슴인 변하지 않는 나는 절대자이다. 이 나는 무한한 나이다.

바가반 라마나 마하리쉬의 성스러운 발에
이 책을 겸허히 바친다.
그레이스 제이 맥 마틴

개정판 서문

개정판을 내고자 다시 이 책을 보니 진리로 가게 하는 보석들이 가득 담긴 바구니이다. 세상에 이런 책이 있다니….

역자는 행복을, 자유를, 진리를 찾는 삶을 산 것 같다. 어떤 직업이 그것을 주지 않을 것 같으면 그냥 그만두었다. 그래서 많은 직업을 가지게 되었다.

종교 생활도 하였다. 처음에는 스승을 예수로 한 종교였다. 나중에는 스승을 붓다로 한 종교를 알고자 하였다. 명상이 궁금하였다. 명상을 제대로 알고자 40대 초에 인도로 가게 되었다. 그곳의 수행들을 보고 놀랐다. 그래서 이번 생애에 수행의 끝에 이르기를 포기하였다.

고국으로 돌아오고자 뉴델리로 왔다. 붓다의 나라에서 다시 돌아온다는 것이 너무나 애석하였다. 수첩을 뒤적이다가 한분의 이름을 찾았다. 그 다음 날 그분을 만나기 위하여 하리드와르로 가고 있었다. 하리는 신 크리슈나의 다른 이름이다. 그때 나는 진리에 목이 말라 있었다. 나는 그러한 상태에서 깨달음을 얻은 스승을 만나러 가고 있는 것이었다.

10시 30분경에 그곳에 도착하였다. 파파지께서는 깨끗한 모습으로 침상에 홀로 앉아 계셨다. 나는 그분의 발 아래로 바로 들어가게 되었다.

"어디를 다녔습니까?"
"여러 곳을 다녔지만 라마나스라맘에 오래 머물렀습니다."

라마나스라맘을 이 분은 아실까 하는 생각이 들기도 하였다. 이곳은 남쪽의 아루나찰라 산기슭이 아니라, 북쪽의 갠지스 강가가 아닌가….

"저는 쉬고 싶습니다."
"그렇다면 이 아래에 호텔이 있는데 거기로 가서 여장을 풀고 목욕하고 쉬십시오."

그때쯤에야 마음이 귀중한 것이 아니라는 것을 알게 되었다. 그렇다고 마음 너머의 무엇을 경험한 것도 아니었다. 그래서 몹시 피곤하였다.

"저는 몸이 피곤한 것이 아니라 마음이 피곤합니다."

깊은 눈동자를 나에게 주시면서 "그대는 몸이 아닙니다. 그대는 마음이 아닙니다."

마음 너머에 계시는 분이 진리를 말씀하셨다. 그분의 말씀은 말씀이 아니라 바로 은총이셨다. 진정한 스승을 나는 만난 것이었다.

내가 마음이 아니니 앞의 분이 사라졌다. 그 방도 사라졌다. 세상도 사라졌다. 나의 마음이 사라졌다. 나의 마음 너머에 있는 다른 차원으로 갔다.

끝이 보이지 않는 빛나는 바다, 황홀경의 바다만이 있었다.

얼마나 시간이 흘렀는지 나는 모른다. 그 상황을 지켜보고 계시던 스승님께서는 웃으시면서 되돌아온 나에게 한 말씀을 하시다.

"그대는 붓다입니다. 구도의 길을 접고 당장 고국으로 돌아가십시오."

2024년 10월

차례

발행자의 인사말	6
서문	8
개정판 서문	12

제1부

1.	베다	30
2.	내면의 구루	33
3.	구루의 은총	35
4.	난 야르	41
5.	브람만	48
6.	부마	52
7.	가슴	55
8.	실재	62
9.	자각	67
10.	고요하라	70

11.	희열	74
12.	은총	78
13.	침묵	83
14.	홀로 있음	88
15.	평화	90
16.	나	94
17.	나에 머무르기	102
18.	시간 너머의 나	108
19.	행복	112

제 2 부

1.	사랑	120
2.	신	123
3.	삿	127
4.	의식	131
5.	존재	136
6.	있음	140
7.	그것	145
8.	이다	150
9.	보는 자	154
10.	투리야티타	160
11.	자그라트 수숩티	165
12.	세 가지 상태	168
13.	갸니	176
14.	성자의 고요	184
15.	신의 발아래	186
16.	깨달음	195
17.	나는 항상 깨달아 있다	199

제 3 부

1. 길   204
2. 나 망각   207
3. 무지   214
4. 마야   220
5. 몸   224
6. 자기 탐구   232
7. 나 생각   237
8. 자아   243
9. 마음   250
10. 바사나   256
11. 만트라   259
12. 타파스   263
13. 환생   265
14. 고통   272
15. 아루나찰라   276
16. 프라닥쉬나   282
17. 나마스카라   285
18. 지혜의 이슬   290

    라마나의 생애   298

바가반은
인간의 본질이 신이라고
말하였다.

나의 아버지를 찾아서

나의 아버지를 찾아서

나의 아버지를 찾아서

슈리 바가반 라마나 마하리쉬는 16세의 어린 나이에 자신의 진정한 아버지를 찾아서 집을 떠났다. 그는 숙모가 형의 대학 등록금을 내라고 준 5루피 가운데 3루피를 가졌다. 그리고 짧은 메모를 써서 눈에 잘 띄는 곳에 두었다. 그는 티루반나말라이까지 자신을 데려다 줄 기차를 타기 위해 집을 나섰다.

메모에는 이렇게 쓰여 있었다.

나는 나의 아버지의 명령에 따라 그분을 찾기 위해 집을 떠납니다. 이것은 고결한 모험을 위한 출발입니다. 그러므로 이 일에 대하여 아무도 슬퍼할 필요가 없습니다.

이것을 찾기 위하여 돈을 쓸 필요가 없습니다.

형의 대학 등록금은 아직 납부하지 않았습니다. 2루피는 여기에 남겨 놓습니다.

그럼……………………
_____

메모 밑에는 서명 대신에 밑줄이 그어져 있었다.

메모에 쓰인 말은 깊은 암시를 주고 있었다. 그것은 일인칭 '나'로 시작하였지만, 곧 비인칭인 '이것(벤카타라만을 나타냄)'으로 변했으며, 마지막에는 서명하지 않은 채로 남겨져 있었다. 더 이상 서명을 할 누군가가 없었기 때문이다.

그리하여……

이 책의 내용은 그의 진정한 아버지에 대한 탐구의 결과이다.

갸니

감각을 정복한 이만이 갸니이자 영웅입니다.

형상 없는 존재

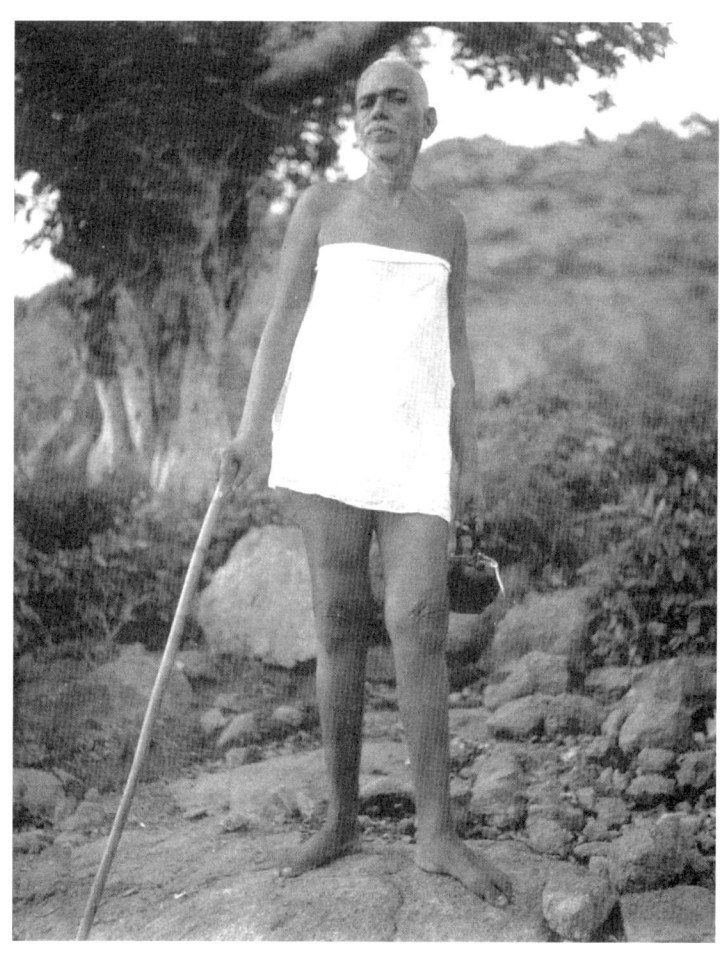

형상 없는 나와 하나가 된 이에게는
모든 것이 형상이 없습니다.

제 1 부

1. 베다

베다는 "그대는 그것이다."라고 선언한다.

* 베다는 스승으로부터 제자에게로 입으로 전해져 내려왔기 때문에 스루티(Sruti)라고 불린다. 스루티는 '듣다'라는 의미인 스루(Sru)에서 기원한 말이다.

* 베다는 자격을 갖춘 스승으로부터 입문을 받은 사람들만 연구할 수 있었다.

* 힌두인은 베다를 시작이 없는 영원한 것으로, 인간이 지은 것이 아니라고 여긴다. 힌두인은 베다에게 최고의 존경을 표한다. 베다는 샵다 브람만(Sabda-Brahman), 즉 절대자의 소리라고 알려져 있다.

슈리 바가반은 전체 베단타의 가르침은 다음 네 단어로 축약될 수 있다고 합니다.

데함(Deham) - 몸

나함(Naham) - 나는 아니다.

코함(Koham) - 나는 누구인가?

소함(Soham) – 나는 그(지고의 의식)이다.

베다의 근본 목적은 그대에게 불멸의 나의 본질을 가르치고, 권위 있게 "그대는 그것이다."라고 선언하는 데 있습니다.

2. 내면의 구루

구루와 은총은 내면에 있습니다.

구루는 내면에 있다.

* 구루는 우리 모두가 이미 깨달았고 구루와 은총이 내면에 있으므로 바깥에서 그것을 구하거나 찾을 수 있는 것이 아니라는 궁극적이면서도 단순한 진리를 가르친다.

가르치는 이도 없고, 가르침을 받을 이도 없습니다. 그러므로 가르침도 없습니다.

깨달을 것도 없고, 깨달을 사람도 없습니다. 나는 이미 깨달아 있기 때문입니다.

모든 사람 안에 이미 존재하는 자각은 사라지지 않으며 변하지도 않습니다.

구루는 나 깨달음을 주지 않습니다. 그는 단지 그것을 가로막는 장애물들을 없앨 뿐입니다.

3. 구루의 은총

구루의 은총은 공부나 명상보다 더욱 가치가 있습니다. 그것은 가장 중요한 것이며, 다른 것들은 모두 이차적입니다.

구루는 신입니다.
구루는 나입니다.
구루는
신이 그대 안에 있으니,
내면으로 깊이 들어가서
신을 깨달으라고
말해 주기 위하여
그대에게 옵니다.

신과 구루는 사실 다르지 않습니다. 호랑이의 입 속으로 들어간 먹이가 도망칠 수 없듯이, 구루의 은총의 눈길 아래 들어온 사람들은 틀림없이 구원받을 것이며 버림받지 않을 것입니다. 그러나 그는 구루가 보여 준 길을 어김없이 따라야 합니다. 신, 은총, 구루는 같은 것을 가리키며, 또한 영원하며 어디에나 내재합니다. 나가 이미 내면에 있지 않습니까?

구루는 단지 무지를 없애도록 그대를 도울 뿐입니다.

구루의 은총은 물에 빠진 그대를 돕기 위하여 내뻗은 손과 같습니다. 구루의 은총은 자동적으로 흐르고 있습니다. 제자는 필요한 도움을 정확히 받습니다. 구루는 길을 가는 데 매우 강력한 도움이 되지만, 그대도 역시 노력해야 합니다. 그것은 필수적입니다.

구루는 안에도 있고 밖에도 있습니다. 만약 어떤 사람이 해방을 몹시 갈망한다면, 안에 있는 구루는 그를 안으로 끌어당기며, 밖에 있는 구루는 그를 안으로, 나를 향해 밀어 넣습니다. 이것이 구루의 은총입니다.

신 혹은 구루는 자신을 복종하는 헌신자를 결코 포기하지 않습니다.

내면에 있는 신은 그의 은총으로 사랑하는 헌신자를 불쌍히 여기며, 헌신자가 성숙됨에 따라 그 자신을 드러냅니다.

신 혹은 나의 화신인 구루는 내면에서 일하며, 헌신자로 하여금 자신이 잘못된 길을 가고 있음을 알도록 돕고, 그가 마침내 내면의 나를 깨달을 때까지 올바른 길을 가도록 안내합니다.

구루의 침묵은 가장 큰 목소리의 가르침입니다. 그것은 또한 가장 높은 형태의 은총입니다. 다른 모든 입문들은 침묵으로부터 나오므로 이차적인 것입니다. 침묵은 가장 근원적인 모습입니다. 구루가 침묵하면 구도자의 마음은 저절로 정화됩니다.

구루는 침묵을 줍니다. 침묵은 내재하는 실재로 빛나고 있는 나 지식의 빛을 드러냅니다. 구루의 눈이 제자의 눈과 만나면, 어떤 말도 필요가 없게 됩니다. 침묵은 가장 효과적인 최선의 입문입니다. 침묵의 입문은 모든 이의 가슴을 변화시킵니다.

구루의 은총이 없이는 자신의 진정한 상태나 성품을 깨닫기가 매우 어렵습니다.

구루는 지금 내가 말하고 있는 것만을 말할 것입니다. 구루는 그대가 이미 갖고 있지 않은 것을 주지는 않을 것입니다. 이미 갖고 있지 않은 것을 얻을 수는 없습니다. 설령 이미 갖고 있지 않은 것을 얻는다고 해도, 그것은 온 것처럼 갈 것입니다. 오는 것은 또한 갈 것입니다. 언제나 있는 것만이 남을 것입니다.

구루는 그대가 이미 갖고 있지 않은 새로운 것을 줄 수 없습니다. 필요한 것은 오직 우리가 나를 깨닫지 못했다는 생각을 없애는 것뿐입니다. 우리는 언제나 나입니다. 다만 그것을 깨닫지 못하고 있을 뿐입니다.

구루는 안에도 있고 밖에도 있습니다. 구루는 그대가 안으로 들어가도록 조건들을 만들고, 그대를 중심으로 끌어들이도록 내면을 준비합니다. 이와 같이 구루는 밖에서는 밀어 넣고 안에서는 끌어당겨, 그대가 중심에 고정될 수 있도록 합니다. 구루는 내면에서 일합니다.

구루는 신과 다르지 않으므로 구루의 은총은 신의 은총과 같습니다.

구루의 은총은 말과 생각의 너머에 있습니다. 그것은 꿈 속에서 사자를 보고 놀라 깨어나는 코끼리와도 같습니다. 코끼리가 사자를 보기만 하여도 잠에서 깨어나듯이, 구도자도 구루의 자비로운 은총의 눈길을 통해 틀림없이 무지의 잠에서 참된 지식으로 깨어납니다.

자아는 힘센 코끼리와 같아서 사자보다 못한 존재에 의해서는 통제될 수 없습니다. 이 경우에 사자는 구루이며, 구루가 바라보기만 하여도 코끼리는 떨다 죽습니다. 우리의 영광은 우리가 존재하기를 멈추는 지점에 있다는 것을 우리는 머지않아 알게 될 것입니다. 그 상태에 이르기 위해서는 "주여, 당신은 저의 피난처입니다!"라고 말하며 자신을 복종시켜야 합니다. 그러면 스승은 그가 안내받기에 알맞은 상태에 있다는 것을 알고 그를 안내합니다.

4. 난 야르

나는 누구인가?

나는 스스로 존재하는 자입니다.

"나는 누구인가?"는 만트라가 아닙니다.

그것은 모든 생각들의 근원인 '나'라는 생각이 그대 안의 어디에서 일어나는지를 찾아야 한다는 것을 의미합니다.

그대는 자신에게 "나는 누구인가?"라고 물어야 합니다.

이 탐구는 결국 마음 뒤에 있는, 그대 안의 어떤 것을 발견하도록 인도할 것입니다. 그 막중한 문제를 해결하십시오. 그러면 다른 모든 문제들도 풀릴 것입니다.

몸에서 '나'로 일어나는 것이 마음입니다.

"나는 누구인가?"라는 질문에서
'나'는 자아입니다.

"나는 누구인가?"라고 묻는 것은 사실 자아 혹은 '나'라는 생각의 근원을 찾으려는 노력을 의미합니다. 그대는 "나는 이 몸이 아니다."와 같은 다른 생각들을 할 필요가 없습니다. '나'의 근원을 찾다 보면 다른 모든 생각들이 저절로 없어집니다. "나는 누구인가?"라는 질문에서 '나'는 자아를 의미합니다. 자아를 추적하여 그것의 근원을 발견하십시오. 그러면 우리는 자아가 별개로 존재하지 않으며 진정한 '나' 안으로 녹아들어 하나가 됨을 보게 됩니다.

늘 나로 존재하면서도, "나는 누구인가?", "나는 어디에 있는가?"라고 자신에게 묻는 사람은 자신이 누구이며 어디에 있는지를 묻는 술 취한 사람과 같습니다.

'나'는 깊은 잠 속에서도, 꿈 속에서도, 깨어 있는 상태에서도 언제나 그 자리에 있습니다. 잠 속의 사람은 지금 말하고 있는 사람과 같습니다. 언제나 '나'라는 느낌이 있습니다. 그렇지 않다면 그대는 자신의 존재를 부인합니까? 그렇게 하지 못합니다. 그대는 "내가 있다."라고 말합니다. 누가 존재하고 있는지를 찾아내십시오. 근원을 찾으십시오. 그대는 반드시 근원에 도달할 것입니다. 거짓 '나'는 사라질 것이며, 진정한 '나'를 깨닫게 될 것입니다. 전자는 후자와 떨어져 존재할 수 없습니다.

이 '나'는 단지 자아 혹은 '나'라는 생각일 뿐입니다. 이 '나'라는 생각이 일어난 뒤에야 다른 모든 생각들이 일어납니다. 따라서 '나'라는 생각이 뿌리 생각입니다. 뿌리가 뽑히면 다른 것들도 함께 뽑힙니다. 그러므로 '나'라는 뿌리를 찾으십시오. "나는 누구인가?"라고 질문하십시오. 그것의 근원을 찾아내십시오. 그러면 다른 모든 생각들이 사라지고, 순수한 나가 남을 것입니다.

"나는 누구인가?"를 탐구해야 마음이 가라앉을 것입니다. "나는 누구인가?"라는 생각은 다른 모든 생각들을 소멸시키고, 마침내 화장터의 장작불을 지피는 데 사용된 막대기처럼 자기도 소멸될 것입니다.

* "나는 누구인가?"를 탐구하는 동안 잠에 빠져 들었을 경우에 대하여 바가반은 다음과 같이 말하였다.

깨어 있는 동안 내내 탐구를 지속하십시오. 그것으로 충분할 것입니다. 잠자리에 들 때까지 탐구를 계속한다면, 탐구는 잠자는 동안에도 지속될 것입니다. 잠에서 깨어나자마자 다시 탐구를 하십시오.

"나는 누구인가?"라고 그대 자신에게 물으십시오. 다른 모든 생각들의 뿌리인 '나'라는 생각이 일어나는 곳인 자기의 내면에 집중하십시오. 나는 바깥이 아니라 자신의 내면에 있습니다. 그러므로 바깥으로 나가는 대신에 내면으로 뛰어들어야 합니다. 자기 자신의 안으로 들어가는 것보다 더 쉬운 일이 무엇이겠습니까?

"나는 누구인가?"라는 탐구는 사실 '나'라는 생각이 몸 안의 어디에서 일어나는지를 알아보는 자기 내면의 탐구입니다. 만약 그대가 그런 탐구에 주의를 집중하면, '나'라는 생각은 다른 모든 생각의 뿌리이므로 모든 생각이 소멸되고 나만이 늘 남을 것입니다. 그대는 새로운 어떤 것을 얻는 것이 아니며, 전에 그대가 가보지 않은 어떤 곳에 도달하는 것도 아닙니다. 나를 가리고 있던 모든 생각들이 제거될 때, 나만이 홀로 빛납니다.

마음 안에서 "나는 누구인가?"라고 물어 가슴에 이르면, 개별적인 '나'는 힘을 잃고 가라앉습니다. 그러면 즉시 실재가 자연스럽게 '나', '나'로서 드러납니다. 그것이 이와 같이 스스로 드러나지만, 그것은 자아의 '나'가 아니라, 완벽한 존재이며 절대자인 나입니다.

이것만이 스스로 빛나는 실재입니다. 이 "나는 이다.", 자각, 의식은 깨어 있을 때나 잠들었을 때나 어떤 변화도 겪지 않고 항상 존재하며 빛나고 있습니다. 또한 외부의 어떤 도움 없이도 스스로 존재합니다. 그러므로 이것만이 실재한다고 할 수 있습니다. 이 실재는 그대의 내면에 있습니다.

자아가 소멸하면서 일어나는 나의 희열 속에 잠겨 있는 사람에게 무슨 할 일이 남아 있겠습니까? 그는 나 이외의 다른 것을 자각하지 않습니다. 그의 상태를 누가 상상할 수 있겠습니까?

이 순수한 "나는 이다."는 가슴이며, 우리의 진정한 존재입니다. "나는 이다."만이 진실입니다.

자아 없는 "나는 이다."는 생각이 아닙니다. 그것은 깨달음입니다.

나만이 그것입니다. 그러므로 자기 탐구를 하고 "나는 이다."로 존재하는 것만이 유일한 할 일입니다. "나는 이다."는 실재입니다. "나는 이것 혹은 저것이다."는 실재가 아닙니다. "나는 이다."는 진리이며, 나의 다른 이름입니다.

"나는 이다."는 실재입니다. 바뀌지 않는 유일한 실재는 있음입니다. 그 순수한 있음의 상태를 깨닫기 전에는 탐구를 계속해야 합니다. 그 안에 자리를 잡게 되면 더 이상 걱정이 없을 것입니다.

있는 것은 깨닫는 것입니다. 그러므로 "나는 스스로 있는 자이다.", "나는 이다."는 신입니다. 어떤 것도 신 없이는 존재할 수 없습니다. 모든 것은 신 안에 존재하며, 신으로 인해 존재합니다.
따라서 "나는 누구인가?"를 탐구하십시오.

내면 깊이 가라앉아 나로 있으십시오.

그것은 있음으로 있는 신입니다.

5. 브람만

브람만은 충만한 의식이다.

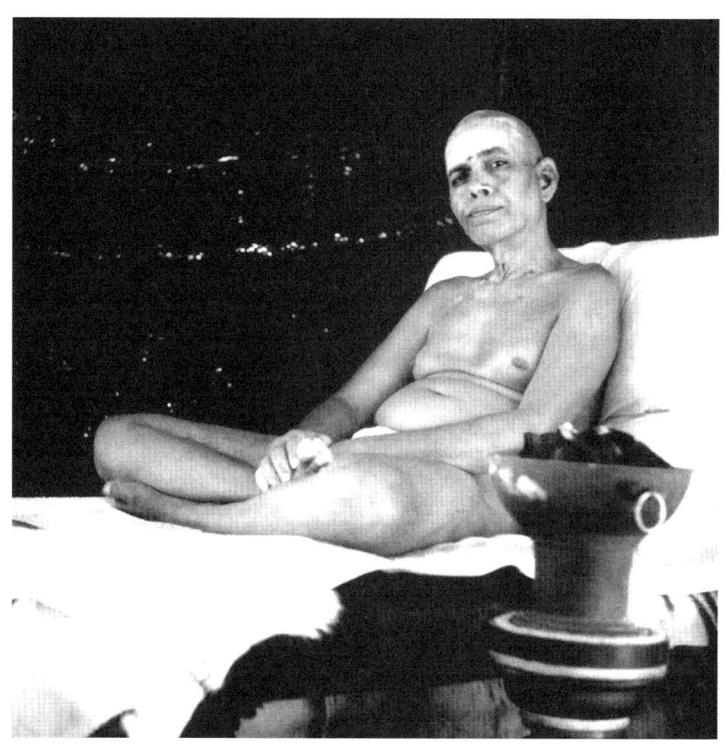

충만한 의식은 진실로 절대자입니다.

충만한 의식 이외의 다른 절대자는 없습니다.

절대자는

둘이 없는 하나입니다.

그 하나만이 존재합니다.

의식은 절대자입니다.

절대자는

모든 것을 지켜보는 자입니다.

완벽한 희열이 절대자입니다.

절대자는 인격신이 아닙니다. 절대자는 우주를 떠받치고 있는 형상 없는 존재입니다.

그것은 충만이며,

이것은 충만이며,

충만으로부터 충만이 나옵니다.

충만으로부터

충만을 끌어내도

충만이 남습니다.

오로지 절대 있음만이 실재입니다.

절대자는 실재하며,

영원하며,

동시에 어디에나 있습니다.

가슴이라고 불리는 것은 다름 아닌 절대자입니다.

모든 이의 가슴 속의 동굴 안에는 지고의 나만이 "나는 이다."로 빛나고 있습니다. 그것은 사실 나입니다. 하나로 집중된 마음으로 가슴 속으로 들어가십시오.

풍요로운 나-자각인 절대자의 실제 모습에는 무지가 전혀 없습니다.

절대자와의 합일이 추구해야 할 진정한 목표임을 아십시오. 이것은 또한 합일이라고 알려진 해방의 상태입니다.

절대자는 언제나 그대와 함께, 그대 안에 있습니다. 그대 자신이 절대자입니다.

6. 부마

완전만이 있다.

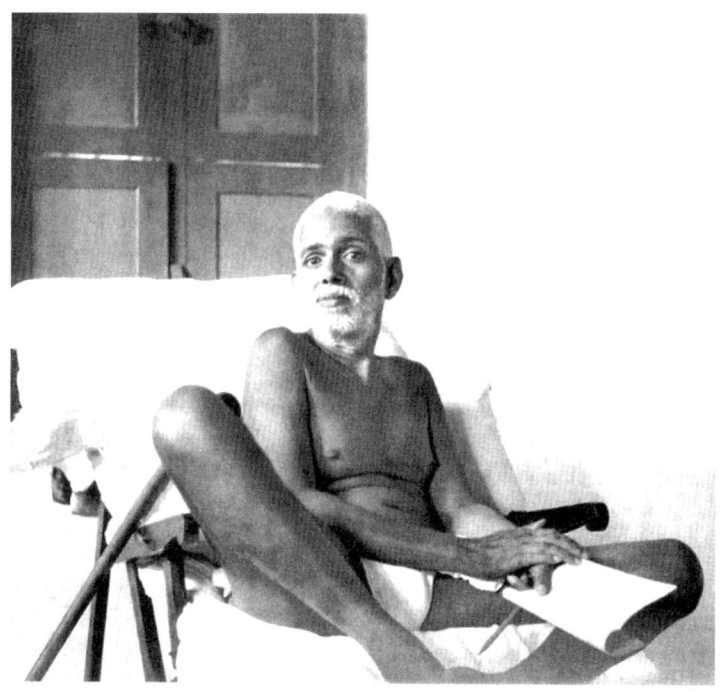

지고의 존재는 하나입니다. 그리고 그것은 나입니다.

부마(bhuma, 완전)는 지고자입니다.

부마는 무한합니다.

부마는 묘사할 수 없습니다.

부마는 정의 내릴 수 없습니다.

완전만이 있습니다. 그것은 무한합니다. 그것으로부터 유한한 의식이 일어나 제한된 모습을 취합니다. 이것은 반사입니다. 이 개별 의식이 지고자 안으로 들어가 하나가 되게 하십시오. 이것이 해야 할 일입니다.

부마는 지고의 상태입니다. 그곳에서는 다른 것을 보지 않으며, 다른 것을 듣지 않습니다. 그것은 완전입니다. 그것은 정의할 수 없고 묘사할 수도 없습니다. 그것은 있는 그대로 있습니다.

부마만이 존재하며, 다른 것은 존재하지 않습니다.

지고자는 가슴에서 나로 빛나고 있습니다. 진정한 나는 무한한 '나'입니다. 그 '나'는 완전합니다. 그것은 영원합니다. 그것은 시작도 끝도 없습니다.

니르바나는 완전합니다. 완전한 상태에서는 주체도 객체도 없습니다. 보고 느끼고 알아야 할 것이 아무것도 없습니다. 보고 아는 것은 마음의 기능입니다.

니르바나에는 희열의 순수 의식인 "나는 이다." 외에는 아무것도 없습니다.

7. 가슴

가슴은 나의 궁극의 중심이다.

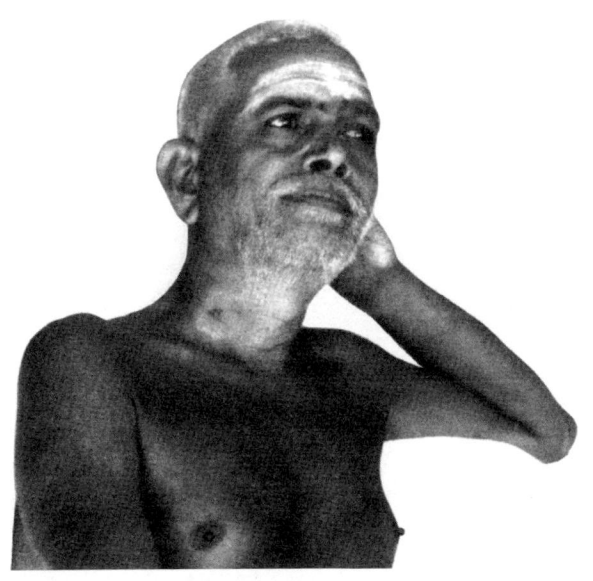

가슴의 동굴 안에는 유일한 절대자가
'나-나'로서 홀로 빛나고 있는데,
그것은 진실로 의식이며 나입니다.

이 모든 세계들은 가슴 안에 고정되어 있습니다. 그것들은 모두 가슴에서 일어납니다. 가슴으로 인해 그것들은 모두 존재하게 됩니다. 그리고 그것들은 진실로 가슴입니다.

그것만이 실재하며 진리입니다.
그것은 가슴 속의 보물입니다.

그것은 모든 것의 근원이며,
모든 것은 그것 안에서 살고,
마침내 그것으로 돌아가 합쳐집니다.
그것은 가슴입니다.

가슴의 동굴 안에는 유일한 절대자가 '나-나'로서 홀로 빛나고 있는데, 그것은 진실로 의식이며 나입니다.

그것을 신, 나, 가슴, 혹은 의식의 자리 등 어떤 이름으로 부르든 그것은 모두 같은 것입니다.

모든 곳에 있는 절대자는 나로서 가슴에서 빛나고 있습니다. 나는 지켜

보는 자입니다. 가슴 안에서 '나-나'로 빛나고 있는 것이 신성한 나임을 깨닫게 될 것입니다.

가슴은 나의 지고의 중심입니다. 나는 가슴 그 자체입니다. 나가 가슴 속에 있다고 말하는 것보다 나가 가슴이라고 말하는 것이 더 적절합니다. 사실 나는 중심 그 자체입니다. 나는 어디에나 있으며 그 자신을 가슴으로, 나-자각으로 알고 있습니다.

가슴은 나입니다. 그것을 깨달으십시오. 그러면 그대는 스스로 보게 될 것입니다. 가슴이 어디에 있으며 가슴이 무엇인지 알아야 할 필요는 없습니다. 나의 탐구에 열중한다면 그것은 자신의 일을 할 것입니다. 가슴 안의 나로 있는 것이 최고의 지혜입니다.

가슴은 실재의 또 다른 이름입니다. 가슴은 몸 안이나 바깥에 있는 것이 아닙니다. 가슴에게는 안이나 바깥이 있을 수 없습니다. 그것만이 홀로 있기 때문입니다. 모두의 내면에서 가슴으로 빛나고 있는 자기 자신의 실재는 순수한 희열의 바다 그 자체입니다.

"세상에 있는 모든 개인들의 가슴이라고 묘사되며, 이 모든 우주가 마치 커다란 거울에 비치듯이 그 안에서 지각된다고 하는 그것이 무엇인지 말씀해 주십시오."라고 묻는 라마에게 성자 바시슈타는 다음과 같이 대답했습니다.

"탐구를 해 보면 모든 개인의 가슴에는 두 종류가 있다는 것을 알게 된다고 합니다. 두 가지 가슴의 특성에 대한 나의 말을 잘 듣고 아십시오. 하나는 받아들여야 하고, 다른 하나는 거부되어야 하는 것입니다. 신체의 가슴이 있는 신체 기관으로의 가슴은 거부되어야 하는 가슴입니다. 절대 지식의 모습으로 있는 가슴은 받아들여야 하는 것입니다. 그 가슴은 안에도 있고 바깥에도 있지만, 그것은 실은 안쪽도 없고 바깥쪽도 없습니다."

"그것만이 지고의 가슴이며, 그 안에 모든 세계가 있습니다. 그것은 모든 대상들을 담고 있는 거울입니다. 그것은 모든 풍요의 거처입니다. 그러므로 모든 것이 의지하고 있는 그 지식만이 가슴이라고 모든 살아 있는 존재들에게 선언되었습니다. 그것은 돌처럼 지각 능력이 없으며 사라질 수밖에 없는 몸의 일부가 아닙니다."

"따라서 완벽한 순수와 절대 지식으로 있는 가슴 안에 자아를 붙잡아 두기 위해 꾸준히 노력하면, 저절로 마음의 잠재적인 습성이 파괴되고 호흡이 제어됩니다."

"모든 제한적인 속성들로부터 자유로운 순수 지식의 모습으로 있는 쉬바, '그 쉬바가 나다.'라는 명상을 끊임없이 하여 가슴에 늘 머무르면, 자아의 모든 집착들이 사라집니다."

가슴은 순수 의식이며, 공간과 시간을 초월해 있습니다. 가슴 안에 있는 순수하고 변함없는 나 자각이 자아를 소멸시켜 해방을 주는 지식임을 아십시오. 가슴인 순수 지식은 모든 것을 포함하고 있으며, 가슴으로부터 떨어져 있거나 그 바깥에 있는 것은 아무것도 없습니다. 그것이 궁극의 진리입니다.

나의 자리인 가슴은 신체의 오른쪽에 있습니다. 신체의 왼쪽에 있는 육체의 기관과는 다릅니다.

자기 탐구를 통하여 가슴에 이르면, 끊이지 않는 나-자각 혹은 '나-나'가 완벽한 존재로서 그 자신을 드러냅니다. 그 결과로 '나'는 가라앉고 사라집니다.

가슴 안에서 나로 있는 것이 지고의 지혜입니다. 나의 성품과 존재에 대한 모든 입씨름은 환영의 유희에 불과합니다.

가슴은 자기 존재의 핵심, 중심을 의미하며, 가슴이 없이는 아무것도 존재하지 않습니다. 가슴을 보기 위해서는 마음이 방향을 바꾸어 가슴을 향하는 것으로 충분합니다. 그러면 마음은 사라지고 가슴이 환히 빛납니다.

가장 사랑스러운 가슴만이 일어나고 가라앉는 '나'의 피난처입니다.

가슴에 있는 순수하고 변함없는 나 자각이 자아를 소멸시켜 해방을 주는 지식임을 아십시오.

가슴은 모든 것의 중심입니다. 모든 것은 절대자로 인해 존재하게 됩니다. 그 절대자가 가슴입니다.

절대자는 가슴입니다.

나는 가슴입니다.

가슴은 모든 것이 솟아나는 중심입니다.

가슴이 '신의 왕국'입니다.

가슴이 다름 아닌 절대자입니다.

8. 실재

실재는 순수 존재이다.

유일한 실재인 나는 안에도 밖에도 존재하며 형태나 모습에 매이지 않습니다. 성자는 자신이 그 나라는 것을 압니다.

실재는 지금 있는 것입니다. 그것은 있는 그대로 있습니다.

실재는 오로지 하나뿐이며, 그것은 나입니다. 성자에게 실재의 기준은 실재 그 자체입니다. 순수 의식인 이 실재는 그 성품상 영원합니다. 따라서 이른바 깨어 있거나 꿈을 꾸거나 잠을 자는 동안에도 똑같이 존재합니다. 실재와 하나 된 이들에게는 마음이 없으며 마음의 세 가지 상태도 없습니다. 따라서 바깥을 보지 않습니다.

그는 늘 깨어 있는 상태에 있습니다. 그는 영원한 나에 깨어 있기 때문입니다.

그는 늘 꿈꾸는 상태에 있습니다. 그에게 세상이란 반복해서 나타나는 꿈과 다를 바 없기 때문입니다.

그는 늘 잠자는 상태에 있습니다. 그에게는 "몸이 나다."라는 의식이 전혀 없기 때문입니다.

대상들에 대한 지식과 더불어 무지가 파괴될 때 남는 순수 의식인 실재만이 나입니다. 풍요로운 나-자각인 절대자의 진정한 모습 안에는 무지가 전혀 없습니다.

실재는 그저 자아의 소멸입니다. 자아가 무엇인지 찾음으로써 자아를 소멸시키십시오. 자아는 실체가 없으므로 저절로 사라질 것이며, 실재가 스스로 드러나 빛날 것입니다. 실재인 우리가 실재를 구하는 것 — 이보다 더 큰 불가사의는 없습니다. 우리는 어떤 것이 우리의 실재를 가리고 있으며 그것이 소멸되어야 실재를 얻을 수 있다고 생각합니다. 이것은 우스운 일입니다. 언젠가 자신이 기울인 지난날의 노력에 대해 웃을 날이 올 것입니다. 그대가 웃게 되는 그날에 있을 그것은 지금 여기에도 있습니다.

실재는 오로지 경험될 수 있을 뿐이며, 설명될 수 있는 것이 아닙니다. 그것은 세상이라는 그물에 걸리지 않습니다.

실재는 늘 실재해야 합니다. 그것은 이름도 형상도 없지만, 그것들의 밑바탕에 있는 것입니다. 그것은 자체로는 한계가 없으면서도 모든 한계들의 밑바탕을 이룹니다. 그것은 어떤 식으로도 매이지 않습니다. 그것은 실재하지 않는 것들의 밑바탕을 이룹니다. 그 자체가 실재이므로, 그것은 있는 것입니다. 그것은 있는 그대로 있습니다. 그것은 말을 초월하여 있으며, 존재와 비존재 같은 묘사의 너머에 있습니다.

나는 가장 근본적인 실재입니다. 나만이 실재이므로 언제나 나 안에 거주하십시오. 실재를 가리켜 있음, 의식이라고 합니다. 실재는 순수 존재이며 나입니다. 단 하나의 나, 유일한 실재만이 홀로 영원히 존재하고 있습니다.

실재는 있음이며 의식입니다. 그것을 안다는 것은 생각을 초월해 있는 가슴에서 그것으로 있는 것입니다.

실재는 오로지 하나뿐이며, 그것은 나입니다. 그 밖의 모든 것은 나 안에 있는, 나의, 나에 의한 현상들에 불과합니다. 보는 자, 보이는 것, 봄은 모두 나일 뿐입니다. 나를 떠나서 보거나 들을 수 있는 사람이 누가 있습니까?

존재 혹은 의식이 유일한 실재입니다. 스스로 존재하고, 스스로 자신을 드러내고, 영원하며, 변하지 않는 그것만이 실재합니다.

실재는 몸 안에 있지 않습니다. 몸은 실재 안에 있습니다. 나가 지각이 없는 몸 안에 있다고 생각하는 사람은 영상이 비춰지는 스크린의 천이 영상 속에 있다고 여기는 사람과 같습니다. 스크린은 영화가 상영되는 토대이며, 스크린이 없으면 영상들도 없습니다. 우리가 나(스크린)를 잊고 이름과 형상(영화) 안에 사로잡혀, 우리 자신을 전체와 분리된 '머리부터 발끝까지'의 독립된 몸으로 볼 때, 모든 문제와 혼란이 일어납니다.

실재만이 나뉘지 않은 완전한 전체로 존재하고 있습니다. 실재를 알건 모르건 그대는 지금 여기에서 그것을 경험하고 있습니다.

그 실재를 깨닫기 위하여 그대는 다른 실재를 원합니까? 그 실재를 자각하는 것만이 필요합니다. 다른 실재는 없으며, 그 실재를 아는 또 다른 마음도 없습니다. 그 실재는 그대 안에서 고동치는 경험의 형태 안에 있으며, 그 고동침이 그대의 진정한 나이기 때문입니다.

＊ 바가반은 우리가 자신 안에 있는, 라마나 마하리쉬이기도 한 그 실재를 깨닫기를 원하였다.

9. 자각

자각은 그대의 다른 이름이다.

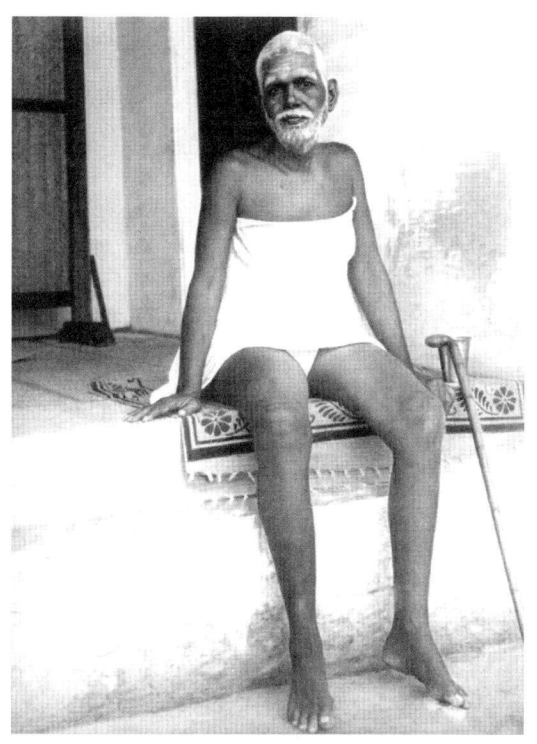

순수 자각은 삿–칫–아난다(존재–의식–희열)인 나입니다.

바가반은 순수 존재, 순수 자각, 순수 희열의 상태로 살았습니다.

나의 순수 자각은 영원합니다.

해방은 가득한 자각 안에서 얻어져야 합니다. 실재는 순수 자각이기 때문입니다.

자각의 본질은 존재 – 의식 – 희열입니다.

자각은 나–지식이며, 나 지식은 지혜입니다. 지혜는 영원하며 자연스럽습니다.

모든 사람 안에, 모든 곳에 이미 존재하는 자각은 불멸하며 변하지 않습니다.

모든 사람은 "나는 이다."를 자각하고 있습니다. 그런데 그 자각을 떠나서 신을 찾아다니고 있습니다.

오로지 자신의 자각이 직접적인 지식입니다. 그것은 모두의 공통된 경험입니다. 자기 자신의 나를 아는 데는 다른 도움들이 필요치 않습니다.

그대는 자각입니다. 자각은 그대의 다른 이름입니다. 그대는 진정한 자각이므로 그것을 얻거나 개발할 필요가 없습니다. 그대가 할 일은 오로지 나 아닌 것들에 대한 자각을 포기하는 것뿐입니다. 그것들에 대한 자각을 포기하면, 순수한 자각만이 남습니다. 그것이 나입니다.

노력 없는, 선택 없는 자각이 우리의 진정한 성품입니다. 그것을 얻거나 그 상태에 있을 수 있다면, 그것은 좋습니다.

인간은 존재를 사랑합니다. 존재는 자신의 나인 영원한 자각이기 때문입니다. 그렇다면 이 몸을 가지고 있는 동안, 지금 당장 순수 자각을 붙들어 왜 자유로워지지 않습니까?

10. 고요하라

있는 그대로 있어라

* 슈리 바가반은 기도나 영적인 훈련들에 의해서가 아니라 오로지 고요히 있음으로써 진리를 깨닫는다고 말한다.

그대가 할 일은 그냥 있는 것이지, 이것 혹은 저것으로 있는 것이 아닙니다. 방법은 "고요하라."로 요약됩니다.

나는 그저 있는 것입니다. 있으십시오! "나는 이다."를 경험하는 것은 고요히 있는 것입니다. 나는 신입니다. "나는 이다."는 신입니다. 나를 깨닫기 위해 필요한 것은 오로지 고요히 있는 것뿐입니다. 무엇이 이보다 더 쉬울 수 있겠습니까?

고요는 무엇을 의미합니까? 그대 자신을 파괴하는 것을 의미합니다. 모든 이름과 형상이 괴로움의 원인이기 때문입니다. '나-나'는 나입니다. "나는 이것이다."라는 것은 자아입니다. '나'가 단지 '나'로서만 유지될 때, 그것이 나입니다. '나'가 옆길로 벗어나서 "나는 이것 혹은 저것이다.", "나는 이러저러하다."라고 말할 때, 그것이 자아입니다.

있는 그대로 있으십시오. 필요한 것은 오직 자아를 잃는 것뿐입니다. 늘 있는 그것은 언제나 그 자리에 있습니다. 지금도 그대는 그것입니다. 그대는 그것으로부터 떨어져 있지 않습니다. 일단 태어나면 그대는 무엇인가에 이릅니다. 그것에 이르면, 그대는 또한 되돌아갑니다. 그러므로 이 모든 수많은 말들을 떠나십시오. 있는 그대로 있으십시오. 그대가 누구인지 보십시오. 그리고 태어남도 없고, 오고 가거나 되돌아감도 없는 나로 머무르십시오.

성경에서는 "고요하라. 그리고 내가 신임을 알라."고 말합니다. 신인 나를 깨닫기 위해 필요한 것은 오직 고요함뿐입니다.

"고요하라, 그리고 내가 신임을 알라." 여기서 고요함이란 개별성이 흔적조차 없는 완전한 복종입니다. 고요하십시오, 그리고 내가 신임을 아십시오. 그러면 고요함이 가득해지고 마음의 동요가 없을 것입니다. 마음의 동요는 욕망과 행위자 의식, 성격의 원인입니다. 마음의 동요가 멈추면 고요가 있습니다. 그러므로 안다는 것은 있다는 것을 의미합니다. 그것은 아는 자, 아는 과정, 아는 대상이라는 셋을 포함하는 상대적인 지식이 아닙니다.

고요히 있는 것은 자기 자신을 놓아버렸다고 생각하는 것이 아닙니다. 내면으로 향하십시오. 마음의 근원이 찾아지면, 마음은 사라지고 나만이 남을 것입니다.

다른 무엇이 아니라 그대 자신으로 있으십시오!

나를 깨닫는 것은 고요히 있는 것입니다.

나는 언제나 깨달아 있습니다. 내면을 보십시오. 그리고 고요하십시오.

11. 희열

희열은 그대 자신의 존재이다.

완전한 희열은 절대자입니다.

희열은 항상 거기에 있는 것입니다.

나의 희열은 항상 그대와 함께 있습니다. 간절히 찾으면 그대 스스로 희열을 발견할 것입니다.

그대가 진실로 무한히 순수한 존재이며 절대 나임을 알라고 나는 말합니다.

그대는 언제나 나이며, 나 이외의 다른 것이 아닙니다.

그대의 고통을 없애는 유일한 길은 나를 알고 나로 있는 것입니다.

어째서 이것에 도달할 수 없겠습니까?

진정한 그대 자신인 나로 있는 것이 늘 그대의 것인 희열을 실현하는 유일한 길입니다.

그대는 어떤 장소나 시간 안에서는 희열을 찾을 수 없습니다. 희열은 영원해야만 쓸모가 있습니다. 영원한 것은 그대 자신의 존재입니다. 나로 있으십시오. 그것이 희열입니다. 그대는 항상 그것입니다.

희열은 그대의 성품에 더해지는 것이 아닙니다. 그것은 그대의 진정한 자연스러운 상태, 영원하고 불멸하는 상태로서 그냥 드러나는 것입니다. 그대의 고통을 없애는 유일한 길은 나를 알고 나로 있는 것입니다.

사실, 그대는 자신의 희열의 상태를 알지 못합니다. 무지가 일어나서, 희열인 순수한 나를 베일로 가립니다. 그대 자신의 존재 말고 또 무엇이 희열이겠습니까? 그대는 희열과 동일한 존재로부터 떨어져 있지 않습니다. 지금 그대는 자신을 늘 변하며 일시적인 마음이나 몸이라고 생각합니다. 하지만 그대는 변하지 않으며 영원합니다. 그것을 알아야 합니다.

희열은 언제나 거기에 있는 것이며, 오고 가는 것이 아닙니다. 오고 가는 것은 마음의 창조물입니다. 개인이 나에 녹아들어 하나가 될 때, 희열이 존재하게 됩니다.

그대 자신의 존재 말고 또 무엇이 희열이겠습니까? 그대는 희열과 동일한 존재로부터 떨어져 있지 않습니다. 지금 그대는 자신을 늘 변하며 일시적인 마음이나 몸이라고 생각합니다. 하지만 그대는 변하지 않으며 영원합니다. 그것을 알아야 합니다. 희열은 그대의 존재를 잊지 않는 데 있습니다. 그것은 또한 사랑의 자리라고 합니다. 사랑은 희열입니다.

희열은 중단되지 않는 행복의 상태입니다.

"아홉 개의 입구를 가진 성 안에서, 그분은 희열의 모습으로 거주하고 있습니다."

— 바가바드 기타

12. 은총

은총은 늘 존재하며 늘 흐르고 있다.

은총은 항상 있습니다.

* 초월적인 이 힘을 가리켜 바가반은 그것을 지칭하는 수많은 이름 가운데 '은총'이라고 부른다.

* 은총은 늘 존재하며 늘 흐르고 있다.

* 바가반은 은총으로 가득 찬 감로의 바다라고 말한다.

은총은 나입니다. 그대는 결코 은총이 작용하는 범위의 바깥에 있지 않습니다. 은총은 항상 있습니다. 그대는 은총 속에 깊이 잠겨 있으면서도 은총을 갈구하고 있습니다. 이것은 마치 물 속에 깊이 잠겨 있으면서도 목마름을 느끼는 것과 같습니다.

존재하는 것은 은총입니다. 은총은 언제나 그 자리에 있습니다. 은총은 모두에게 가능하며, 온 우주를 가득 채우고 있습니다. 그것은 존재 그 자체이기 때문입니다.

영원히 '있는' 것은 "나는 이다."입니다. 그것은 모두의 가장 깊은 곳에 있는 성품입니다. 따라서 그것은 모두에게 언제나 주어질 수 있습니다. 우리 모두에게 있는 이 순수한 "나는 이다."가 은총입니다.

은총은 시작이며, 중간이며, 끝입니다. 은총은 나입니다.

은총은 언제나 있으며, 주어지는 것이 아닙니다.

신, 은총, 구루는 자각의 가장 깊은 본질입니다. 그것은 모든 형상에 대한 집착이 중단될 때 드러나 경험됩니다.

신, 은총, 구루는 같은 것을 가리킵니다. 또한 영원하며 어디에나 존재합니다.

은총은 그대 안에 있습니다. 은총이 바깥에 있는 것이라면 그것은 아무런 쓸모가 없습니다.

은총은 변함이 없습니다. 은총은 언제나 거기에 있습니다. 그대는 결코 은총이 작용하는 범위의 바깥에 있지 않습니다.

은총이 나입니다. 만약 그대가 바가반을 기억한다면, 나가 그렇게 하도록 그대를 자극하는 것이라고, 나는 이미 말했습니다. 은총은 이미 거기에 있지 않습니까? 은총이 그대 안에서 작용하지 않는 순간이 있습니까? 그대가 기억한다는 것은 은총이 작용하고 있음을 보여 주는 것입니다. 그것은 반응이며, 자극이며, 나이며, 은총입니다.

신성한 은총은 깨달음을 위해 필수적입니다. 은총은 신을 깨닫도록 안내합니다. 하지만 그러한 은총은 진실한 헌신자나 요기에게만 주어집니다. 그것은 자유를 향한 길에서 끊임없이 열심히 노력하는 이들에게만 주어집니다.

은총과 신은 다르지 않습니다.

사람들은 나에게 와서, 내가 그들에게 은총을 주어야 한다고 말합니다. 그들은 내가 자물쇠를 채워 은총을 보관하고 있다고 생각하는 것 같습니다.

은총은 신의 또 다른 이름입니다. 우리가 할 일은 오로지 열린 창문으로 햇살이 들어오듯이 구루의 은총이 흘러들도록 가슴을 여는 것뿐입니다.

은총은 항상 있으며, 주어지는 것이 아닙니다.

은총은 나입니다. 그것은 얻을 수 있는 것이 아닙니다. 은총이 존재하고 있다는 것을 알기만 하면 됩니다. 은총은 이미 내면에 있으며, 언제나 존재하는 것입니다.

은총은 모든 인간의 내면에 있습니다. 그것은 다른 것이 없는 진실한 존재, 진실한 자각의 상태입니다. 그것은 나입니다.

잠자는 아기에게 엄마가 젖을 먹일 때, 아기는 젖을 먹고 있는 줄도 모르면서 젖을 먹습니다. 그와 같이 순수하며 신성한 나의 은총도 심지어 가장 미세하고 강한 지성을 가지고 있는 사람조차도 알 수 없는 방식으로 우리의 가슴에 들어와서, 우리를 변화시키고 우리의 마음이 파괴되게 합니다. 아! 그 은총은 한계가 없으니, 어느 누가 그 은총을 헤아릴 수 있겠습니까.

13. 침묵

침묵은 나다.

침묵은 영원합니다.

침묵만이 영원한 말입니다. 그것은 가슴에서 가슴으로 얘기하는 유일한 말입니다.

구루는 침묵을 줍니다. 침묵은 내재하는 실재로서 빛나는 나 지식의 빛을 드러냅니다. 구루의 눈이 구도자의 눈과 마주치면 한마디 말도 필요가 없습니다.

침묵은 가장 강력하게 작용합니다. 구루가 고요하면 평화는 모든 것을 향해 퍼져 나갑니다. 구루의 침묵은 모든 경전을 합한 것보다 더 크며 더 공감하게 합니다. 사실 구루는 언제나 그대 안에 있습니다. 구루의 침묵은 가장 큰 가르침입니다. 그것은 또한 최고의 은총입니다. 침묵이 진정한 가르침입니다. 그것은 완전한 가르침입니다. 그것은 가장 향상된 구도자에게만 적합합니다. 다른 사람들은 침묵으로부터 충분한 영감을 받을 수 없습니다. 그래서 그들은 진리를 설명하는 말들이 필요합니다. 하지만 진리는 말의 너머에 있습니다. 그것은 설명할 수 있는 것이 아닙니다. 유일하게 할 수 있는 것은 그것을 가리키는 것뿐입니다.

침묵은 가장 좋고 가장 강력한 입문입니다. 침묵의 입문은 모든 이의 가슴을 변화시킵니다. 침묵의 입문은 가장 완전합니다. 그것은 바라봄, 접촉, 가르침을 모두 포함합니다. 그것은 모든 면에서 개인을 정화시켜 실재 안에 자리 잡도록 합니다. 침묵은 마음의 활동이 없는 명상입니다. 내적 침묵은 자기 복종이며, 그것은 자아라는 생각이 없이 살아감을 의미합니다.

침묵은 개인이 자아로부터 완전히 자유로울 때, 그가 자신을 신에게 완전히 복종할 때, 존재하게 됩니다.

침묵은 진리입니다. 침묵은 희열입니다. 침묵은 평화입니다. 따라서 침묵은 나입니다.

말과 생각을 초월하는 상태가 침묵입니다.

늘 있는 그것이 침묵입니다.

현자들은 '나'라는 생각인 자아가 조금도 일어나지 않는 상태가 침묵이며 나라고 합니다. 침묵인 그 나만이 신입니다. 나만이 개인의 영혼입니다. 나만이 이 오래된 세상입니다. 침묵의 경험만이 진실하고 완전한 지식입니다.

아무런 집착이 없이 나인 은총과 함께 있는 존재의 순수 상태만이 자기 자신의 침묵의 상태이며, 여기에는 다른 것이 없습니다. 그 침묵을 있는 그대로 경험한 뒤 언제나 그 침묵으로 머무는 것만이 진정한 숭배라는 것을 아십시오. 신을 가슴의 보좌에 모시고 마음이 복종하여 유일한 나로서 자리 잡는, 끊임없고 진실하며 자연스러운 숭배의 이행이 침묵임을 아십시오. 그것이 모든 숭배 형태들 가운데 최고의 숭배입니다. 독단적인 자아가 없는 침묵만이 자유입니다. 나 망각은 그 침묵으로부터 벗어나게 합니다. 그것은 헌신이 아닙니다. 마음을 가라앉혀 나와 다르지 않은 침묵으로 있는 것이 신에 대한 진정한 헌신임을 아십시오.

내면의 침묵은 자기 복종이며, 자아라는 느낌이 없이 살아가는 것입니다. 말과 생각을 초월해 있는 그 상태가 침묵입니다. 그것은 마음의 활동이 없는 명상입니다. 마음의 정복이 명상입니다. 깊은 명상은 영원한 말입니다. 침묵은 언제나 말하고 있습니다. 그것은 끊이지 않는 언어의 흐름입니다. 그것은 말에 의해 방해를 받습니다. 왜냐하면 말들은 이 말 없는 언어를 방해하기 때문입니다. 강연들은 사람들을 향상시키지 못하면서도 몇 시간 동안 그들을 즐겁게 할 수 있습니다. 반면에 침묵은 영원하며 온 인류에게 도움을 줍니다…… 침묵은 웅변입니다. 말로 하는 강의는 침묵만큼 마음을 움직이지 못합니다. 침묵은 그치지 않는 웅변입니다…… 그것은 최상의 언어입니다. 말들이 그치고 침묵이 가득해지는 상태가 있습니다.

설교란 연단에 올라가 주위 사람들에게 열변을 토하는 것입니까? 설교는 단순히 지식을 전달할 뿐입니다. 진정한 설교는 침묵으로만 할 수 있습니다. 한 시간 동안 설교를 듣고도 삶이 변화될 만큼 감명을 받지 못한 채 돌아가는 사람에 대해 그대는 어떻게 생각합니까? 성스러운 존재 앞에 잠시 앉아 있다가, 삶에 대한 관점이 완전히 바뀌어 돌아가는 사람과 그를 비교해 보십시오. 별 효과 없이 큰 소리로 설교하는 것과 고요히 앉아서 내적인 힘을 내보내는 것 가운데 어느 것이 더 낫습니까?

침묵을 통한 가르침은 얼마나 강력한지요! 하지만 사람들은 이 단순한 진실을, 그들의 일상생활의 진실을, 언제나 존재하는 영원한 경험을 이해하지 못합니다. 이 진실은 나의 진실입니다. 나를 자각하지 않고 있는 사람이 어디에 있습니까? 그러나 그들은 이 진실을 듣는 것조차 좋아하지 않으면서, 천국과 지옥, 환생에 대해서는 간절히 알고 싶어 합니다.

14. 홀로 있음

나에 머무는 것이 홀로 있는 것이다.

나 안에 머무는 것이 홀로 있는 것입니다. 나 외에 다른 것이 없기 때문입니다.

나는 어디에나 있으므로 홀로 있을 특정한 장소가 없습니다. 마음의 개념들로부터 자유로운 상태에 있는 것이 홀로 머무는 것입니다.

홀로 있음은 마음 안에 있습니다. 초연한 사람은 언제나 홀로 있습니다.

어떤 이는 혼잡한 세상 속에 있으면서도 완전하게 마음의 평온을 유지할 수 있습니다. 그러한 사람은 언제나 홀로 있습니다. 어떤 이는 숲 속에 머물지만, 여전히 마음을 다스리지 못할 수 있습니다. 그런 사람은 홀로 있다고 말할 수 없습니다. 홀로 있음은 마음의 작용에 관한 것입니다.

세상의 것들에 집착하고 있는 사람은 어디를 가더라도 홀로 있을 수 없습니다.

초연한 사람은 늘 홀로 있습니다. 집착으로 행해지는 일은 속박이지만, 초연함으로 행해지는 일은 행위자에게 영향을 주지 않습니다. 그는 일을 하고 있는 동안에도 홀로 있습니다.

15. 평화

평화는 늘 지금 여기에 있다.

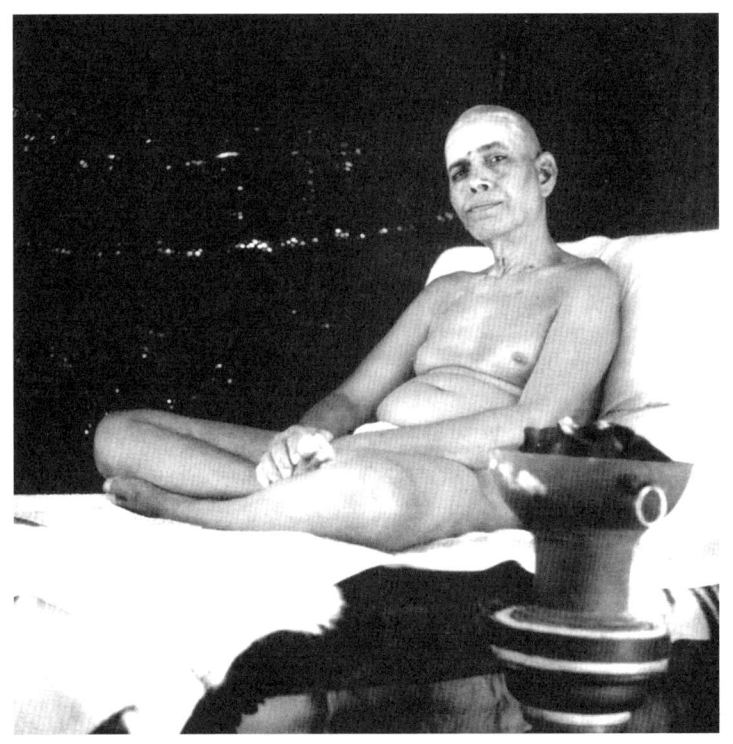

완전한 평화는 나로부터 나옵니다.

평화는 그대의 자연스런 상태입니다.

평화는 방해가 없는 곳에서 펼쳐집니다. 방해는 마음에서 일어나는 생각들 때문에 옵니다. 마음 자체가 없을 때 완전한 평화가 있습니다. 마음이 소멸되지 않은 사람은 평화를 얻을 수 없으며 행복할 수도 없습니다.

평화는 인간의 내적 성품입니다. 자신 안에서 평화를 발견하면, 어디에서나 평화를 보게 될 것입니다.

그대의 일시적인 영적 체험에서 발견한 평화는 그대의 나 안에서 발견된 것입니다. 그것은 남이 그대에게 준 것이 아닙니다.

자연스러운 상태를 방해하는 것은 마음입니다. 만약 그대가 평화를 체험하지 못하고 있다면, 그것은 그대의 자기 탐구가 오로지 마음 안에서만 이루어지고 있다는 것을 의미합니다. 마음이 무엇인지 탐구하십시오. 그러면 마음은 사라질 것입니다. 그렇게 하여 마음이 사라지면, 그대는 영원한 평화를 누리게 될 것입니다.

마음의 평화는 온갖 종류의 생각들로 인한 동요가 없음을 의미합니다. 마음의 평화는 오로지 명상으로 옵니다.

평화는 동요 없음입니다. 동요의 원인은 순수 의식에서 올라오는 자아인 개인 안에서 생각들이 일어나기 때문입니다.

고요 혹은 평화가 깨달음입니다. 나가 존재하지 않는 순간은 없습니다.

평화를 오게 한다는 것은 생각들로부터 자유로워져 순수 의식 안에 있는 것을 의미합니다. 자기 스스로 평화에 머물고 있다면, 어디에나 평화만 있을 것입니다. 평화는 언제나 여기에 있습니다. 평화에 방해되는 것들을 없애십시오. 이 평화는 나입니다. 생각들이 방해물입니다. 생각들로부터 자유로울 때 그대는 무한한 지성인 나입니다. 거기에 완전과 평화가 있습니다.

모두들 평화를 바랍니다. 그러나 진정한 구루의 은총으로 마음이 고요해지지 않는다면, 어떤 방식으로도, 어느 누구도, 어느 때나 어디에서도 평화를 얻을 수 없습니다. 그러므로 하나로 집중된 마음으로 언제나 그 은총을 구하십시오.

완전한 평화는 나입니다.

그것만이 존재하고 있습니다. 그것은 의식입니다.
의식은 언제나 나 의식입니다.

평화로운 의식은 내적 맑음입니다.

16. 나

나는 지고의 존재이다.

나는 순수 의식입니다.

나는 모든 종류의 밝음의 근원입니다.

순수 자각만이 나입니다.

나는 유일한 실재입니다.

나는 늘 지금 여기에 있습니다.

지고의 존재는 하나이며, 그것은 나입니다.

지고의 존재는 가슴에서 나로 빛납니다.

진정한 나는 무한한 '나'입니다.

신은 다름 아닌 나입니다.

그 '나'는 완전합니다. 그것은 영원합니다.

실제로 존재하고 있는 것은 나뿐입니다.

나는 '나'라는 생각이 전혀 없는 그것입니다. 그것을 침묵이라 합니다. 나 자체가 세상이며, 나 자체가 '나'입니다. 나 자체가 신입니다. 모든 것은 나입니다.

현자들에 따르면, 자아인 '나'라는 생각이 조금도 일어나지 않는 상태가 침묵인 나입니다. 나만이 신입니다. 나만이 개인의 영혼입니다. 나만이 이 오래된 세상입니다. 세상, 개인의 영혼, 신은 진주조개에 보이는 은빛처럼 나 안에서 보이는 현상들에 불과합니다. 이 세 가지는 동시에 나타났다가 동시에 사라집니다.

나를 알면 신을 알게 됩니다. 나는 존재합니다. 그것은 신입니다.

나를 안다는 것은 나로 있는 것입니다. 있음은 존재를, 자기 자신의 존재를 의미합니다. 은총이 나입니다. 나는 오로지 하나이며, 구루는 나만이 있다고 말합니다.

나는 절대 지식입니다. 따라서 그것은 지식이 있는 것도, 지식이 없는 것도 아닙니다. 그것은 결코 무지일 수 없습니다.

그대는 진실로 무한한 순수 존재인 나입니다. 그대는 항상 그 나이며, 그 나일 뿐입니다. 그러므로 그대가 나에 대해 정말로 무지할 수는 없습니다. 그대의 무지는 단지 상상에서 나온 무지일 뿐입니다. 그대는 나입니다. 그대는 언제나 존재하고 있습니다. 나가 존재한다는 말보다 나를 더 잘 설명할 수 있는 말은 없습니다. 신이나 나를 안다는 것은 나로 존재한다는 것입니다. 아는 것은 존재하는 것입니다. 그대는 나이면서도 나에 이르는 방법을 알고 싶어 합니다.

나는 하나이며 전부입니다. 따라서 다양한 것들에 대한 지식은 오직 무지일 따름입니다. 그 무지 또한 나로부터 떨어져 있지 않습니다.

지식인 나만이 실재입니다. 다양한 것들에 대한 지식은 거짓 지식입니다. 무지인 이 거짓 지식도 참 지식이며 실재인 나로부터 떨어져 있지 않습니다. 다양한 장신구들은 실재하지 않습니다. 그것들이 금이라는 본질이 없이 존재합니까?

'나'의 본질을 탐구하면, 다양한 것들에 대한 지식은 '나'에 의존하고 있는 무지임이 드러납니다. 그러면 나만이 하나의 실재로 빛납니다.

가슴에 있는 나를 깨달은 사람만이 진리를 압니다. 이원성 등을 초월하였기 때문에 그는 결코 혼란스러워지지 않습니다.

나를 아는 것은 나로 있는 것입니다. 나가 전부입니다. 그대는 나로부터 떨어져 있습니까? 자아는 나타나고 사라지는 일시적인 존재인 반면에 나는 영원합니다. 그대는 실제로 진정한 나임에도 불구하고, 자아를 진정한 나로 착각하고 있습니다. 자아는 결코 존재하지 않습니다. 자아를 없애십시오. 그러면 무지는 사라집니다. 자아를 찾아보면, 자아는 사라지고 진정한 나만이 남습니다. 무지를 고백하는 자아는 보이지 않습니다. 실제로는 무지도 존재하지 않습니다.

나만이 존재하고 있습니다. 나만이 실재하고 있습니다. 진실로 나만이 세상이고, '나'이며, 신입니다. 존재하고 있는 모든 것은 오로지 지고의 존재가 나타난 것입니다.

한 순간이라도 나를 경험하지 않는 사람은 아무도 없습니다. 나와 떨어져 별개로 있다는 것을 인정하는 사람은 아무도 없기 때문입니다. 그는 나입니다. 나는 가슴입니다.

의식으로서의 나가 존재하지 않는 순간은 없습니다. 이 의식은 영원한 존재며 유일한 존재입니다.

나는 하나입니다. 나를 아는 그것이 바로 알려지는 나라는 점에서 나 지식은 독특합니다. 나는 결코 알려지거나 알려지지 않는 대상이 될 수 없습니다.

가슴 안의 나로 있는 것이 지고의 지혜입니다. 나의 성품과 존재에 관한 모든 논쟁은 망상 놀음에 불과합니다.

나를 깨달은 성자는 자유 의지와 운명을 둘 다 초월해 있습니다. 무지한 사람들만이 그러한 것들에 관심을 갖습니다.

나는 어둠도 빛도 없이 스스로 빛을 발하고 있으며, 스스로 나타나는 실재입니다. 나는 유일한 존재입니다. 사람들은 나를 번쩍이는 빛으로 보고 싶어 합니다. 나는 빛도 어둠도 아닙니다. 그것은 있는 그대로 있습니다. 그것은 정의될 수 없습니다. 최선의 정의는 "나는 스스로 있는 자이다"입니다.

그저 존재하고 있는 것이 나입니다. 이 존재는 의식입니다. 우리 각자의 살아 있는 본질은 이 의식입니다.

그대는 진실로 무한한 순수 존재, 불멸의 나임을 아십시오. 그대는 늘 나이며 오직 나일 뿐입니다. "나는 하찮은 몸이다."라는 생각을 던져 버리십시오. 영원한 희열의 나를 깊이 숙고하고 깨달으십시오. 몸을 사랑하면서 나를 알고자 하는 것은 악어를 뗏목으로 착각하여 타고 강을 건너려는 것과 같습니다.

신은 다름 아닌 나입니다. 자아를 파괴하여 나를 보는 것이 신을 보는 것입니다. 다른 모든 것들은 오로지 마음이 만든 환영일 뿐입니다.

찾는 자를 찾아내십시오. 질문하는 자를 찾아내십시오. 그러면 그대는 진리를 찾고 알게 될 것이며, 그 진리는 그대의 모든 문제를 해결하고 모든 의심을 없앨 것입니다.

나에 바탕을 두지 않고 있는 느낌, 생각, 행위는 없습니다.

그러므로 모든 것에서, 모든 환경에서, 모든 순간에서 나를 찾도록 하십시오. 나가 존재하지 않는 순간은 없습니다. 나는 늘 존재하고 있습니다. 나로 있으십시오. 그것이 희열입니다. 그대는 항상 그것입니다.

17. 나에 머무르기

나에 머무는 것은 자아가 없는 상태이다.

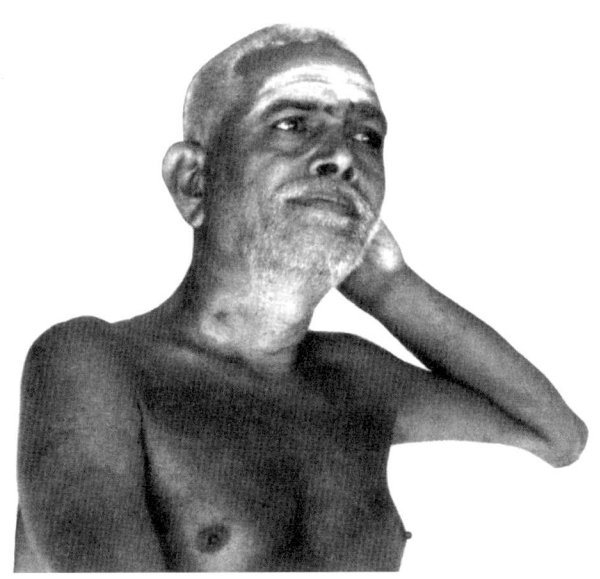

다름이라는 느낌이 없이 절대적 나로 늘 머물고 있는 갸니만이 칭찬과 비난의 너머에 있습니다.

만약 사람이 늘 나로 머물며 그 본래 상태에서 벗어나지 않고 자신을 다른 것과 구별 짓지 않는다면, 어느 누가 나와 떨어져 별개로 있겠습니까?

나로 있는 것 자체가 나를 아는 것입니다. 나는 둘이 아닌 것이기 때문입니다. 이것이 실재로 머무르는 것입니다.

나로 있는 상태를 나에 머무는 것 혹은 실재에 머무는 것이라 합니다.

자신의 성품이 무엇인지를 알게 될 때, 시작도 없고 끝도 없고 끊임이 없는 존재-의식-희열만이 남아서 빛날 것입니다.

유일한 지고의 실재인 나에 머무르십시오.

나 안에 머무는 영원하고 끊임없고 자연스러운 상태가 지혜입니다.

마음의 죽음으로 실재에 자리 잡은 위대한 요기는 아무것도 할 것이 없습니다. 나에 머무는 자연스러운 상태에 이르렀기 때문입니다.

굴레와 해방이 없는 지고의 희열에 이르러 나의 이 상태에 머무르는 것이 신에 대한 봉사요, 신이 명한 대로 사는 것입니다.

굴레와 해방은 둘 다 생각에 불과합니다. 그것들은 오로지 무지의 상태에서만 존재할 수 있을 뿐, 나에 머무는 상태에서는 존재할 수 없습니다.

'나'가 존재하기를 그친 후에 남아 있는 것을 알 때 경험되는 것, 그것만이 훌륭한 고행입니다. 나인 라마나는 이렇게 말하였습니다.

개별적인 '나' 혹은 자아가 존재하기를 그친 뒤에 남아 있는 것은 진정한 나입니다. 그 나를 알고 나로 머물 때 경험되는 상태, 자아가 일어나지 않는 그 상태만이 진정한 고행입니다.

* 슈리 바가반에 따르면, 나에 머무는 상태는 바로 자아가 없는 상태, 완전한 자기 부정의 상태이다. 그 상태에서는 무엇인가를 하거나 무엇

인가를 이루기 위하여 개인이 일어나는 대신에 진정한 나를 알고 진정한 나로 머문다. 그러므로 개인으로 다시 일어나는 대신에 영원히 나로 머무는 것이 신에게 진정으로 봉사하는 것이다.

* 슈리 바가반은 산스크리트 판에서 사용한 '신성한 사람'이라는 단어는 '신의 행위들을 하는 사람'을 암시하기 위한 것이라고 설명한 적이 있다. 왜냐하면 지고의 희열의 상태에 이른 사람은 자신의 개별성을 잃었으며, 따라서 그는 바로 유일한 지고의 실재인 신이기 때문이다. 나로 머무는 사람들은 행위자라는 의식이 없다. 내적 집착들이 죽었으므로 신이 그들의 가슴에 거주하며 모든 행위를 한다.

나 안에 머무는 것은 홀로 있는 것입니다. 거기에는 나와 다른 것이 아무것도 없기 때문입니다. 따라서 그는 나로 머물지 않을 수 없습니다.

내면으로 뛰어들어 나를 알게 된 현자에게는 나 말고는 알아야 할 것이 없습니다. 왜 그렇습니까? 몸의 형상을 '나'로 동일시하는 자아가 소멸되었으므로 현자는 형상이 없는 존재 의식으로 있기 때문입니다.

순수한 나는 마음이 가라앉지 않는 한 깨달아지지 않습니다. 마음은 생각들의 꾸러미입니다. 모든 생각들 가운데 맨 먼저 일어나는 생각은 '나'라는 근본 생각입니다. 따라서 "나는 누구인가?"를 탐구해야만 마음이 가라앉습니다. 마음을 끊임없이 내면으로 향하게 하여 나 안에 머물게 하는 것이 자기 탐구입니다.

"나는 누구인가?"를 탐구하십시오. 내면으로 깊이 가라앉아 나로 머무르십시오.

마음을 죽이고 싶어 하는 것이 마음입니까? 마음은 자기를 죽일 수 없습니다. 그러므로 그대가 해야 할 일은 마음의 진정한 성품을 찾는 것입니다. 그러면 마음이 본래 없음을 알게 될 것입니다. 나를 찾으면, 마음은 어디에도 없습니다. 나 안에 머무는 사람은 마음에 대해 걱정할 필요가 없습니다.

한 가지 대상을 명상하는 이의 마음은 일념이 됩니다. 일념의 마음은 나에 머물도록 안내합니다. 명상하는 이는 원치 않아도 나에 머물게 됩니다. 이와는 달리 나를 아는 구도자는 나 안에 머뭅니다.

마음이 사라질 될 때 다른 욕망들도 사라집니다. 신 안에 머무는 것이 진정한 아사나입니다.

결코 변하지 않으며 속성들이 없이 언제나 있는 그것이 나입니다. 자아를 파괴하고 나로 있는 것이 깨달음에 이르는 지고의 방법입니다. 외부 대상들 안에서는 나가 발견되지 않습니다. 내면을 향하고 내면으로 뛰어드십시오. 그러면 그대는 나일 것입니다. 자아는 나타나고 사라집니다. 자아는 일시적이지만, 진정한 나는 늘 영원히 머무릅니다.

본래 상태에서 벗어나지 않고 자신을 타인과 차별하지 않으며 늘 나로만 머무른다면, 어느 누가 나로부터 떨어져 있겠습니까? 타인들이 자신에 대해 뭐라고 말한들 무슨 상관이겠습니까? 자기가 자기만을 칭찬하고 비난한다면, 그것이 무슨 문제가 되겠습니까?

신은 진실로 다름 아닌 나이며, 그것은 존재의 상태입니다. 나를 떠나지 않고 그 상태에 머무는 것이 신에 대한 최고의 헌신입니다.

18. 시간 너머의 나

진정한 나는 무한한 '나'입니다. 그 '나'는 완전합니다. 그것은 영원합니다. 그것은 시작도 끝도 없습니다.

나는 늘 존재하고 있습니다. 그것은 영원하며 늘 같은 채로 있습니다.

지고의 존재는 하나입니다. 그것은 나입니다.

변함이 없는 무한한 나는 몸, 마음과 관련이 있는 시공간을 초월하여 있습니다.

영원한 '지금'에는 생각이 있을 자리가 없습니다.

현자는 과거도, 현재도, 미래도 모릅니다.

그는 시간 없는 나 안에 살고 있기에 시간의 너머에 있습니다.

시간이라는 개념은 마음 속에만 있습니다. 나 안에는 시간이 없습니다. 나에게는 시간이 없습니다. 시간은 자아가 일어난 뒤에 하나의 개념으로 일어납니다. 그러나 그대는 시공간을 초월하여 있는 나입니다. 그대는 시공간이 없을 때도 존재합니다. 시공간은 나에 영향을 주지 못합니다. 시공간은 그대 안에 있습니다. 그러므로 주위에서 보는 모든 것도 역시 그대 안에 있습니다.

과거도 미래도 없습니다. 오로지 현재만이 있을 뿐입니다. 어제는 그대가 경험하고 있을 때 현재였으며, 내일도 그대가 경험할 때는 현재일 것입니다. 그러므로 경험은 현재에 일어나며, 경험 외에는 아무것도 존재하지 않습니다.

그렇습니다. 현재라는 것도 상상일 뿐입니다. 시간이라는 개념은 순전히 마음에서 나온 것이기 때문입니다. 공간도 마찬가지로 마음에서 나온 것입니다. 따라서 시공간 안에서 일어나는 탄생과 환생은 다름 아닌 상상에 불과한 것입니다.

과거와 미래는 현재에 의존하고 있습니다. 그것들도 흐르고 있는 동안에는 현재입니다. 현재만이 있습니다.

과거와 미래는 현재 없이는 결코 존재하지 않습니다. 그러므로 영원한 지금을 아는 것은 진리를 아는 것입니다.

현재와 관련해서만 과거와 미래는 존재할 수 있습니다. 하지만 그것들도 흐르고 있는 동안에는 역시 현재입니다. 현재를 간과한 채 과거와 미래를 정의하려는 것은 하나라는 단위 없이 셈을 하려는 것과 같습니다.

우리와 떨어진 시간과 공간이 어디에 있습니까? 우리가 몸이라면, 우리는 시간과 공간에 관련될 것입니다. 우리가 몸입니까? 우리는 지금도 그때도 언제나, 여기서도 저기서도 어디서나 동일한 존재로 있습니다. 그러므로 시간도 없고 공간도 없는 우리만이 있습니다.

시간과 공간은 우리 안에 있습니다.

19. 행복

나의 상태가 행복이다.

＊ 슈리 바가반은 행복이 우리의 진정한 성품이라고 말한다. 그 행복은 우리가 지닌 소유물물이나 성취에 의존하지 않는다.

존재는 행복과 같고, 행복은 존재와 같습니다.

행복이라고 하는 것만이 존재하고 있습니다. 이를 알고 나의 그 상태에 머물면 영원히 희열을 즐깁니다.

더할 나위 없는 희열이 절대자입니다.

더할 나위 없는 평화는 나에 속하는 것입니다.

나만이 존재하며 나는 의식입니다.

나는 바로 더할 나위 없는 행복입니다.

행복이라고 하는 것은 오로지 나의 성품일 뿐입니다.

모든 이의 내면에 가슴으로 빛나고 있는 자신의 실재는 그 자체가 순수한 희열의 바다입니다.

인간의 참된 성품은 행복입니다. 모든 인간은 의식하건 의식하지 못하건 예외 없이 그것을 추구하고 있습니다. 그들은 슬픔에 물들지 않는 행복, 끝이 없는 행복을 언제나 원합니다. 이 본능은 진실한 것입니다. 행복을 추구하는 것은 무의식적으로 나를 찾고 있는 것입니다.

행복에 대한 바람은 언제나 존재하고 있는 나의 행복을 증명합니다. 그렇지 않다면 어떻게 행복에 대한 바람이 그대 안에서 일어날 수 있겠습니까? 두통이 인간에게 자연스러운 것이라면, 아무도 그것을 없애려 하지 않을 것입니다. 하지만 두통이 있는 사람은 모두가 그것을 없애려 합니다. 두통이 없던 때를 알고 있기 때문입니다. 인간은 자신에게 자연스러운 것만을 바랍니다. 따라서 인간은 자신에게 자연스러운 행복만을 바랍니다. 그것은 자연스러운 것이므로 얻어지는 것이 아닙니다.

마음에 드는 것을 마음에 주면 행복합니다. 그것은 나에 원래 있는 행복입니다. 다른 행복이란 없습니다. 행복은 낯설거나 멀리 있는 것이 아닙니다. 그대가 만족할 때마다 그대는 나로 뛰어들고 있습니다. 그렇게 뛰어들면 스스로 존재하는 희열에 이르게 됩니다. 그런데 개념들로 말미

암아 그 희열이 다른 것들이나 다른 일들 때문에 생기는 것이라고 착각하게 됩니다. 그러나 사실 희열은 그대 안에 있습니다. 그대가 만족할 때마다 그대는 의식하지 못하더라도 나 속으로 뛰어들고 있습니다. 그대가 행복이라고 보는 경험이 유일한 실재인 나로부터 온다는 것을 의식하면서 그렇게 뛰어든다면, 그것을 깨달음이라고 할 수 있습니다. 그대가 의식하면서 나, 가슴으로 뛰어들기를 바랍니다.

행복이 외적 원인과 소유물에 기인한다고 생각한다면, 행복은 소유물의 증가에 따라 증가하고 소유물의 감소에 비례하여 감소한다고 보는 것이 타당합니다. 따라서 소유물이 전혀 없다면 행복도 없어야 합니다. 깊은 잠에서는 몸을 포함하여 어떤 소유물도 없습니다. 그런데도 불행하기는커녕 매우 행복합니다. 모두가 깊이 잠들기를 원합니다. 결론을 내리자면, 행복은 인간에게 본래 있으며 외적 원인에 기인하는 것이 아닙니다. 진실한 행복의 보고를 열려면 자신의 나를 깨달아야 합니다.

행복은 우리의 진정한 상태입니다. 우리가 행복할 때는 불행을 찾지 않습니다. 건강할 때는 병약한 상태를 찾지 않습니다. 하지만 우리가 아플 때는 온전하고 건강하기를 원합니다. 행복은 우리의 진정한 성품입니다. 행복 혹은 희열은 개별성이 완전히 사라질 때 있게 됩니다. 그 상태에서는 진실한 행복만이 있습니다. 행복을 원하는 까닭은 자신이 불완전하다고 느끼기 때문입니다. 조각난 마음이 나로 녹아들면, 충만함과 완전함만이 있습니다. 그것이 곧 희열의 상태입니다.

즐거움과 고통은 마음의 측면들일 뿐입니다. 우리의 성품은 행복입니다. 하지만 우리는 나를 망각하고서 몸이나 마음이 나라고 상상합니다. 불행은 이 그릇된 동일시 때문에 옵니다. 어떻게 해야 합니까? 이러한 마음의 경향성은 무수한 전생의 삶 동안에 지속되어 온 아주 오래된 것입니다. 그래서 그런 경향성이 강해졌습니다. 성품, 행복이 드러나려면 먼저 이런 경향성이 사라져야 합니다.

불행의 원인은 그대 바깥의 삶에 있는 것이 아닙니다. 그것은 그대 안에 자아로서 있습니다. 그대는 스스로 자신에게 한계를 지운 뒤에 그것을 벗어나기 위해 헛되이 노력하고 있습니다. 모든 불행은 자아에 기인합니다. 자아와 더불어 모든 불행이 옵니다. 실제로는 그대 안에 있는 불행의 원인을 삶에서 일어나는 일들 탓으로 돌린다면, 그대에게 무슨 소용이 있겠습니까? 만약 그대가 자아를 믿지 않고 시들게 한다면, 그대는 자유로워질 것입니다. 만약 그대가 자아를 인정한다면, 자아는 그대에게 한계들을 지우고 그대로 하여금 그 한계들을 뛰어넘도록 헛되이 애쓰게 만들 것입니다. 진정한 나를 깨달으십시오. 그것이 필요한 모든 것입니다.

외적인 것들로부터 무슨 행복을 얻을 수 있겠습니까? 실재에는 고통이 없습니다. 상상 속에서만 고통이 있습니다. 왜냐하면 무지의 어두운 환영이 접근할 수 없는 지혜의 태양인 자신의 실재는 그 자체로 행복으로 빛나고 있기 때문입니다. 고통은 실재하지 않는 개별성의 느낌으로 인한 환영입니다. 실제로는 실재하지 않는 환영에 불과한 그런 것을 경험한 사람이 아무도 없습니다. 희열인 나를 자세히 탐구한다면, 삶에는 어떤 불행도 없을 것입니다. 자기 자신이 아닌 몸을 '나'라고 여기기 때문에 고통이 있습니다. 모든 고통은 그러한 환영으로 인해 생깁니다. 이 고통이 왜 그리고 누구에게 왔습니까? 이렇게 탐구한다면 '나'는 마음과 몸으로부터 떨어져 있고, 나가 영원한 존재이며 영원한 희열이라는 것을 알게 될 것입니다. 그것이 지혜입니다.

제 2 부

1. 사랑

사랑이 신의 모습이다.

진정한 복종은 다른 무엇이 아닌, 심지어 해방을 위해서도 아닌, 사랑을 위하여 신을 사랑하는 것입니다.

그대가 사랑에 대해 말할 때, 거기에는 이원성이 있습니다. 그렇지 않습니까? 즉, 사랑하는 이와 사랑받는 신이라는 존재가 있지 않습니까? 각자는 신으로부터 떨어져 있지 않습니다. 그러므로 사랑은 자기 자신의 나에 대한 사랑입니다.

사랑은 신의 실제 모습입니다. "나는 이것을 사랑하지 않는다. 나는 저것을 사랑하지 않는다."라고 말하며 모든 것을 거부한 뒤에도 남아 있는 것이 나의 진정한 모습입니다. 그것은 순수한 희열입니다. 그것을 순수한 희열, 신, 나 혹은 그 어떤 말로 불러도 좋습니다. 그것이 헌신이며, 깨달음이며, 모든 것입니다.

사랑은 나의 성품입니다.

모든 것을 부인하고 나면, 남아 있는 것은 나뿐입니다. 그것이 진정한 사랑입니다. 이 사랑의 비밀을 아는 이는 세상이 우주적 사랑으로 가득 차 있다는 것을 발견합니다.

의식을 망각하지 않는 경험만이 식지 않는 진정한 사랑의 관계인 헌신의 상태입니다. 왜냐하면 나뉘지 않은 지고의 희열로 빛나는 진정한 나 지식이 사랑이라는 성품으로 밀려들기 때문입니다.

나의 성품인 사랑의 진실을 알게 될 때만 삶의 강력한 매듭들이 풀릴 것입니다. 최고의 사랑에 이를 때만 해방에 이를 것입니다. 나 경험은 오직 사랑입니다. 그것은 오직 사랑만을 보며, 사랑만을 들으며, 사랑만을 느끼며, 사랑만을 맛보며, 사랑만을 냄새 맡습니다. 그 사랑은 희열입니다.

2. 신

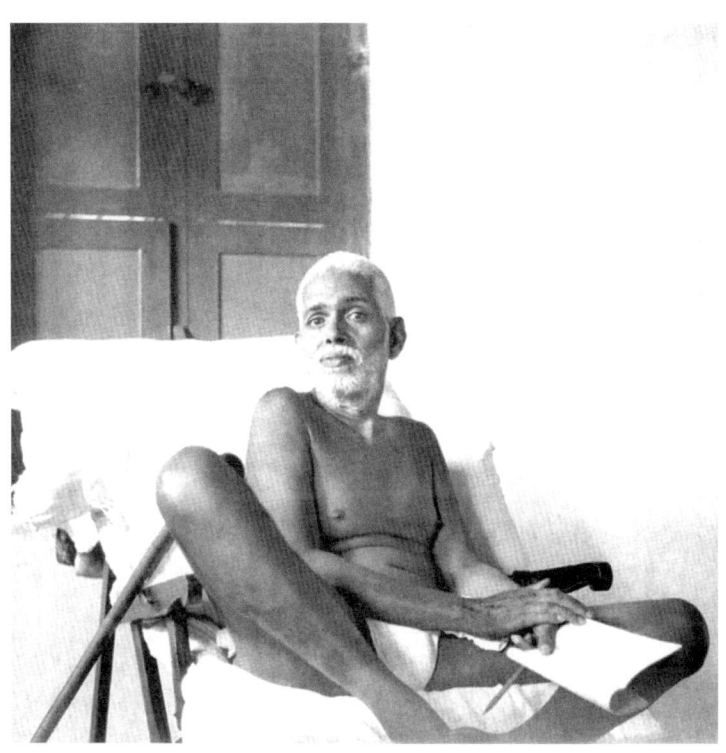

신은 형상이 없이 어디에나 있습니다.

신은 순수한 존재이며 순수한 의식입니다.

세상은 신 안에서 그리고 신의 힘을 통하여 나타납니다.
그러나 신은 세상의 창조자가 아닙니다.
신은 결코 행위를 하지 않습니다.
신은 그저 있습니다.
신에게는 의지도 욕망도 없습니다.

개별성이란 자신이 신과 같지 않다는 환영입니다.
이 환영이 사라질 때 남아 있는 것이 신입니다.

신, 구루, 나는 동일합니다. 구루는 인간의 모습으로 있는 신입니다. 동시에 구루는 헌신자의 가슴에 있는 나입니다.

신은 있습니다.
신은 그대 안에 있습니다.
신은 언제나 일인칭입니다.

나는 신입니다.

있는 그대로의 자신이 신입니다.

절대적인 존재가 있습니다.

무엇입니까?

그것은 나입니다.

그것은 신입니다.

신과 나는 나 깨달음에 의해 발견되는 내재적 실재와 동일합니다.

나를 깨닫는다는 것은 신을 깨닫는다는 것입니다. 그것은 신을 경험하는 것이 아니라, 자신이 신이라는 이해입니다.

나를 알게 될 때 신이 알려집니다. 사실 신은 다름 아닌 나입니다.

신을 안다는 것은 신이 되는 것입니다.

신은 어디에나 퍼져 있으므로 신으로부터 떨어져 있는 것은 없습니다. 신만이 있습니다. 신은 늘 그대 앞에 있는 일인칭 '나'입니다.

그대가 세상의 것들을 우선시하므로 신은 뒤로 물러나 있는 것처럼 보입니다.

그대가 다른 모든 것을 포기하고
오로지 신만을 찾는다면,
신만이 '나', 나로 남아 있을 것입니다.

신은 다른 곳이 아닌 가슴에 있습니다.
가슴이 신의 왕국임을 확신하십시오.

신은 모든 이들의 가슴에만 있는 것이 아닙니다. 신은 모든 것들의 바탕입니다. 신은 모든 것들의 근원이며, 모든 것들이 머무는 공간이며, 모든 것들의 끝입니다.

모든 것은 신으로부터 나와서
신 안에 머물다가
마침내 신 안으로 녹아듭니다.
따라서 그분은 분리되어 있지 않습니다.

3. 삿

존재하는 하나만이 실재합니다. 그 유일한 하나는 무엇입니까? 그 유일한 하나는 세상으로 나타나는 존재인 삿(Sat)입니다.

삿은 진정한 존재 혹은 있음입니다.
삿은 본질 자체입니다.
삿은 바스투(Vastu)입니다.
바스투는 실재 혹은 궁극의 본질입니다.

실재는 삿(존재)-칫(의식)으로 알려져 있으며,
그것은 다른 것을 제외한 하나가 아닙니다.

브람만(절대자)은 삿-칫-아난다입니다.

있는 그것은 오로지 삿입니다.
그것을 절대자라 합니다.
완전한 희열이 절대자입니다.

삿의 광채가 칫(순수 의식)이며,
그것의 성품이 아난다(희열)입니다.

이것들은 삿과 다르지 않습니다.

이 셋을 삿-칫-아난다라 합니다.

삿-칫-아난다라는 이 세 측면은

하나로, 전체로 경험되며,

나의 분리된 속성들로 경험되지 않습니다.

축축함, 투명함, 유동성이 물의 분리될 수 없는 성질인 것처럼

삿-칫-아난다도 분리될 수 없습니다.

나는 항상 삿-칫- 아난다입니다.

삿상은 삿과의 연합을 의미합니다.

삿은 오로지 나입니다.

나가 삿이라는 것이 지금은 이해되지 않기 때문에,

그것을 알고 있는 성자들을 찾습니다.

그것이 삿상입니다.

그 결과로 내면을 향하게 됩니다.

그러면 삿이 드러납니다.

삿은 자아들의 나입니다.

의식은 항상 나-의식입니다. 만약 그대가 어떤 것을 의식하고 있다면, 그대는 반드시 자기 자신을 의식하고 있습니다. 자신을 의식하지 않고 있는 존재란 용어상 모순입니다. 그것은 결코 존재가 아닙니다. 그것은 단지 부가된 어떤 것입니다. 반면에 진실한 존재, 즉 삿(존재)은 속성이 아닙니다. 그것은 본질 그 자체입니다. 그것은 실재입니다. 따라서 실재는 삿(존재)-칫(의식)이지, 둘 중 하나를 제외한 것이 아닙니다.

4. 의식

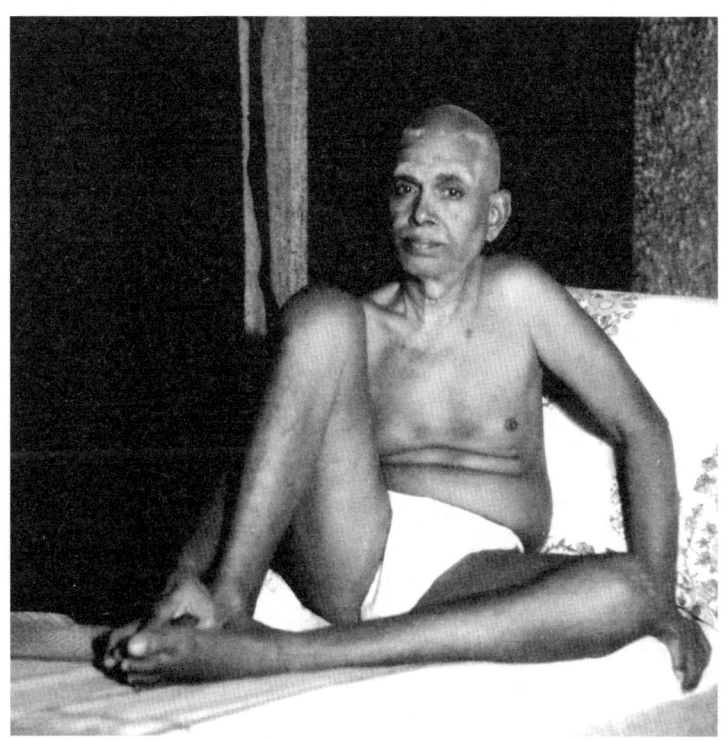

오직 하나의 상태가 있는데, 그것은 의식, 자각, 존재입니다.

의식은 항상 우리와 함께 있습니다.
의식인 나가 존재하지 않는 순간은 없습니다.

의식은 영원한 존재이며 유일한 존재입니다.
그대는 자신의 존재를 부정할 수 없습니다.
그 존재는 의식, 나입니다.

늘 현존하고 있는 의식을 깨달을 때만 그것은 영원할 것입니다.

나는 순수 의식입니다.
어느 누구도 나로부터 떨어져 있을 수 없습니다.
순수 의식의 상태에서는 이원성이 없습니다.
진실로 말한다면, 순수 의식은 나뉘지 않습니다.
순수 의식은 부분들이 없습니다.
순수 의식은 모양이 없으며 안과 밖이 없습니다.
순수 의식에는 오른쪽과 왼쪽이라는 것이 없습니다.

가슴인 순수 의식은 모든 것을 포함하고 있습니다.
아무것도 그것의 바깥에 있거나 떨어져 있지 않습니다.
그것이 궁극의 진리입니다.

순수 의식은 모든 생각들로부터 자유롭습니다.
순수 의식은 그대 나의, 존재의 끊임없는 순수한 자각입니다.
의식이 순수할 때는 의식을 잘못 알 수 없습니다.

나는 순수 의식입니다.
그것은 모든 빛남의 근원입니다.

나 자각인 절대 의식은
자아를 없애고 자유를 줍니다.

의식이 나입니다.

의식은 순수 지식입니다.
마음은 의식에서 일어나며
생각들로 이루어져 있습니다.

마음의 본질은 자각 혹은 의식입니다.

의식은 항상 나 의식입니다.
어떤 것을 의식한다면,
그대는 본질적으로 그대 자신을 의식하고 있습니다.

의식인 나만이 실재합니다.
다른 것은 아무것도 실재하지 않습니다.

모든 다양한 지식은 무지입니다.
모든 다양한 지식은 무지일 뿐입니다.
이 무지는 실재하지 않습니다.
그것은 나인 의식과 별개로 존재하지 않기 때문입니다.
금으로 만든 장신구들이
금과 별개로 존재하지 않는 것과 같습니다.

의식만이 그대입니다.
그대는 오로지 의식입니다.
의식은 태어나지도 죽지도 않는 채

존재하고 있는 그것입니다.

의식은 순수합니다.
의식은 영원하며 변하지 않는 나와 같습니다.

순수 의식은 한계의 너머에 있으며
탐구를 통해 도달됩니다.

탐구는 순수 의식으로 나아가게 합니다.
의식인 나가 존재하지 않는 순간은 없습니다.

행위하고 있든 휴식하고 있든,
존재하고 있는 것은 오로지 의식입니다.
지고의 의식은 존재하고 있는 그것입니다.

5. 존재

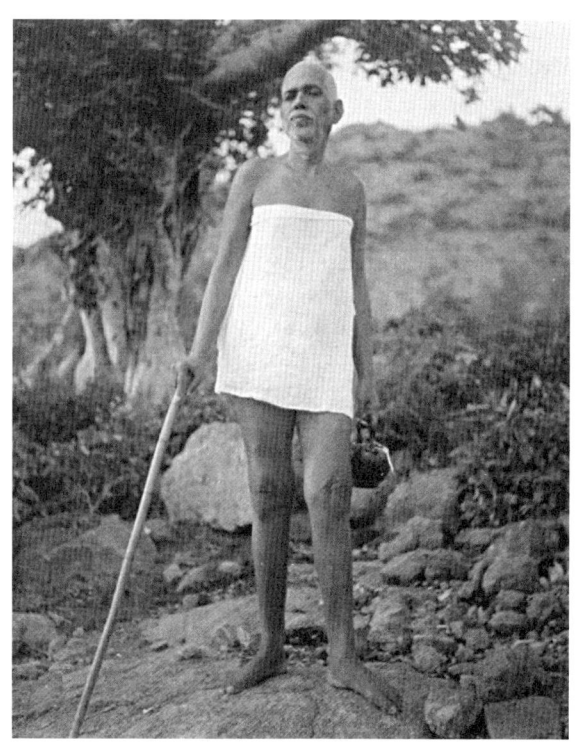

존재 혹은 의식이 유일한 실재이며 나입니다.

오직 하나의 상태만이 있습니다.
의식 혹은 자각 혹은 존재의 상태.
나는 모든 곳에 퍼져 있습니다.

나를 아는 것은 나로 있는 것입니다.
그리고 있음은 존재, 자기 자신의 존재를 의미합니다.

존재인 진정한 성품에서는 신과 영혼은 같은 본질을 지니고 있습니다.
그들의 (부가) 지식(혹은 부가 의식)만이 다를 뿐입니다.

존재하는 그것을 아는 다른 의식이 없기에,
삿의 실재는 의식입니다.
그 의식이 '우리'이며, 진정한 나입니다.

늘 있는 것은 순수 존재입니다.
그것에는 과거나 미래가 없습니다.
현재의 진정한 성품과 늘 현존하는 존재를 찾아내십시오.

의식인 나가 존재하지 않거나

보는 자가 의식으로부터 떨어져 있는 순간은 없습니다.

이 의식은 영원한 있음이며 유일한 있음입니다.

그대는 스스로 "나는 존재한다."고 말할 수 있습니다.

그러나 그대는 단순한 존재이지는 않습니다.

그대는 의식하고 있는 존재입니다.

정말이지, 그대는 의식과 동일합니다.

그대는 자신의 존재를 부인할 수 없습니다.

그 존재가 의식이며 나입니다.

그대가 존재하지 않는다면 그대는 질문들을 할 수 없습니다.

그러므로 그대는 자신의 존재를 인정해야 합니다.

그 존재는 나입니다.

그것은 이미 깨달아 있습니다.

나만이 존재하며 나 바깥에는 아무것도 없습니다.

자신의 바깥에 있는 어떤 것은

내면의 보는 자가 존재한다는 것을 암시합니다.

보는 자만이 직접적입니다.

보는 자만이 실재하며 영원합니다.

6. 있음

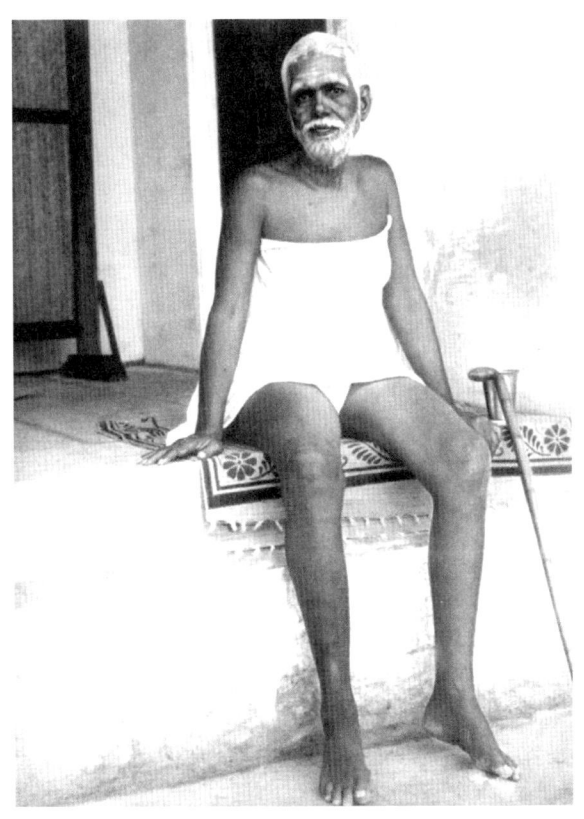

신이나 나를 본다는 것은 나 혹은 자기 자신으로 있는 것입니다.

보는 것은 있는 것입니다.
나인 그대가
나에 이르는 방법을 알고자 합니다.

그대가 할 일은 오직 자신이 몸이라는 생각을 포기하는 것뿐이며,
또 외적인 것들이나 나 아닌 것들에 대한 생각을 포기하는 것뿐입니다.

나를 아는 것은 나로 있는 것입니다.
그리고 있음은 존재를, 자기 자신의 존재를 의미합니다.
하나의 나, 유일한 실재만이 영원히 존재합니다.

실재는 곧 있음이며 의식입니다.
그것을 아는 것은
생각들 너머에 있는 가슴 안에 있는 것입니다.

단순한 있음이 나입니다.
이 있음은 의식이며,

우리 각자의 살아 있는 원리입니다.

의식은 순수한 있음입니다.
그것은 가슴입니다.
순수한 있음은 그대의 진정한 성품입니다.

자신의 있음 외에 무엇이 희열이겠습니까?
그대는 희열인 있음과 떨어져 있지 않습니다.
나로 있으십시오. 그것이 희열입니다.

자신의 진정한 성품이 알려질 때,
시작도 끝도 없는 있음이 있습니다.
그것은 끊임없는 자각-희열입니다.

불멸의 나에 본래부터 있는 형용할 수 없는 희열인
완전한 있음의 상태를 깨달은 사람에게는
이루어야 할 것이 아무것도 없습니다.

이것이나 저것으로 있지 마십시오. 그냥 있으십시오.

순수한 있음이 그대의 성품입니다.

바뀔 수 없는 유일한 실재는 있음입니다.
순수한 있음의 상태를 깨달을 때까지
탐구를 계속해야 합니다.

이미 자신인 존재로 있는 것은 노력이 들지 않습니다.
있음은 늘 현존하며 늘 경험되기 때문입니다.

나는 영원한 있음입니다.
그것은 영원한 희열입니다.
그것은 지혜입니다.

자신이 정말로 무한하며 순수한 있음이며
불멸의 나임을 아십시오.

그대는 항상 나이며,
나 이외의 아무것도 아닙니다.

자신의 진정한 성품이 알려질 때,

시작도 끝도 없는 있음이 있습니다.

언제나 그대이며 언제나 그대였던 그것으로 그냥 있으십시오.

나로 있으십시오.

그것을 신, 나, 가슴, 의식 등 어떤 이름으로 부르든

그것은 모두 같은 것을 두고 하는 말입니다.

알아야 할 것은 이것입니다.

즉, 가슴은 자기 존재의 핵심이자 중심을 의미하며,

그것이 없이는 아무것도 존재하지 않는다는 것입니다.

7. 그것

실재는 있음이며 의식입니다.

그것을 아는 것은

생각을 초월하여 가슴에 있는

그것으로 있는 것입니다.

잠 속에 있을 때 나는 육체도, 감각도, 마음도,

무지의 상태도 아닙니다.

위에 언급한 모든 것들이 거부될 때

홀로 남아 있는 그것이 '나'입니다.

그것은 존재-지식-희열인 나, 순수 자각입니다.

"나는 스스로 있는 자이다."라는 말은

존재의 증거는 존재 자체라는 형이상학적 금언을 암시합니다.

경전들은 "그대가 그것이다."라고 선언합니다.

왜 자신이 정말로 무엇인지를 탐구해 보고

그것으로 있지 않습니까?

"나는 이것이 아니고 그것이다."라고 묵상만 하는 것은 마음의 강인함이 부족함을 보여 줍니다.

실제로 모두가 영원히 그것입니다.

희열인 그것이 바로 나입니다.

희열과 나는 하나이며 같은 것입니다.

그것만이 실재입니다.

그것만이 진정한 진리입니다.

그것은 가슴입니다.

그것과 나는 같습니다.

그것이 모두의 경험 안에 있는 진리입니다.

'나'가 나타나지 않는 상태는

우리가 그것인 상태입니다.

'나'라는 것이 일어나지 않는 상태를 탐구하여

그것에 이르지 않으면, 어떻게

'나'가 다시 일어나지 않는

자신의 소멸에 이를 수 있겠습니까?

그것에 이르지 않으면, 어떻게

자신이 그것인

자신의 상태에 머물 수 있겠습니까?

경전들에서도 선언하듯이,

우리는 오로지 그것이며

언제나 그것이었습니다.

그러므로 그것으로 거주해야 합니다.

그렇게 하는 대신에 '나'의 성품을 명상만 하는 것은

자신의 심리적 나약함을 고백하는 것입니다.

잠자고 있는 '나'가 진정한 '나'입니다.

그것은 내내 존재하고 있습니다.

그것은 의식입니다.

'나' 없음이라는 나 의식의 존재가

자신의 진정한 상태인 그것입니다.

그것은 자기 탐구를 통하여 자아를 소멸시킴으로 깨달아집니다.

자아가 소멸되면 나가 그것이라는 점을 아십시오.
오로지 절대 의식인 그것만이 남습니다.

깨어 있음, 꿈, 깊은 잠이라는 상태들이 무엇인지를 탐구하고,
절대적이며 환영으로부터 자유로운 지고의 상태를
가슴에서 확고히 고수하며,
세상에서 살아가십시오. 오, 라가바여, 오, 영웅이여!
그대는 모든 현상들의 바탕인 가슴에서
그것을 깨달았습니다.

그러므로 늘 그 (바른) 관점을 버리지 말고,
세상에서 그대가 하고 싶은 대로 유희하십시오.
그것은 모든 것의 근원이며,
모든 것은 그것 안에서 살며,
모든 것은 마지막에 그것 안으로 녹아드는데,
그것이 바로 가슴입니다.

8. 이다

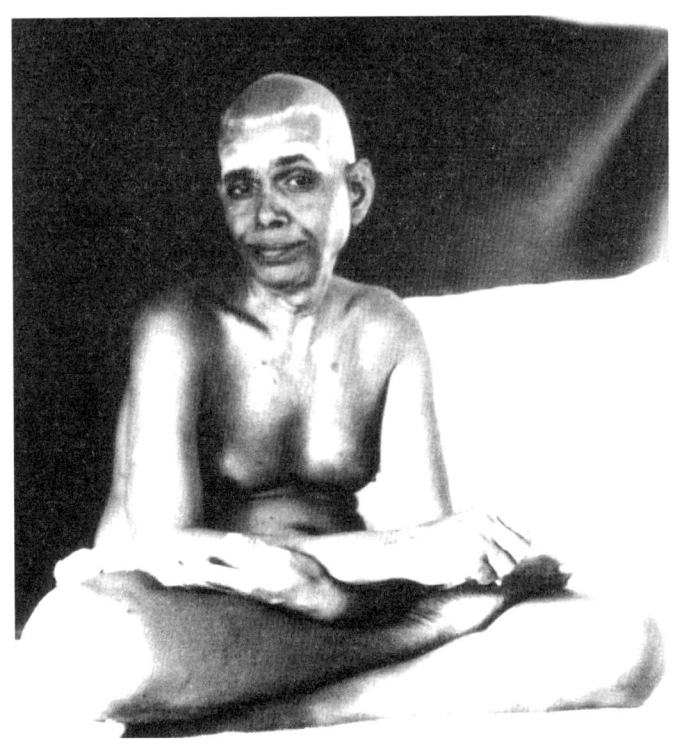

나는 있습니다. 그것은 신입니다.

나는 하나뿐입니다.

구루는 나만이 있다고 그대에게 말합니다.

신은 있습니다.

신은 그대 안에 있습니다.

신은 항상 일인칭입니다.

신은 결코 행위를 하지 않습니다.

신은 그냥 있습니다.

신만이 있습니다.

절대적 존재는 있습니다.

무엇이 있습니까?

그것은 나입니다.

그것은 신입니다.

의식은 나입니다.

나는 순수한 의식입니다.

의식은 항상 나 의식입니다.

의식은 영원한 있음입니다.

존재는 의식, 나입니다.

지고의 의식은 나입니다.

바뀌지 않는 하나의 실재가 있음입니다.

이미 자신인 존재로 있는 것은 노력이 들지 않습니다.

있음은 항상 현존하고 있습니다.

단순히 있음이 나입니다.

은총은 나입니다.

은총은 항상 있으며, 주어지는 것이 아닙니다.

영원히 있는 그것은 "나는 이다."입니다.

"나는 이다."는 우리 각자입니다.

그것은 은총입니다.

있는 그것은 침묵입니다.

그 침묵인 나는 신입니다.

침묵은 나입니다.

침묵은 희열입니다.

침묵은 평화입니다.

실재는 있는 그것입니다.
실재는 순수 존재입니다.
그것은 있는 그대로 있습니다.

순수 자각은 삿-칫-아난다인 나입니다.
단순히 있음이 나입니다.
나는 모든 것입니다.

완전함만이 있습니다.
완전함이 지고자입니다.
니르바나는 완전함입니다.

나를 알면, 신이 알려집니다.
사실은 신이 바로 나입니다.

9. 보는 자

그대가 보는 모든 것은 보는 자에 의존합니다.

보는 자와 별개로는

보이는 것이 없습니다.

보는 자 없이는 보이는 대상들이 없습니다.

보는 자를 찾아내십시오.

그러면 보아야 할 대상들이 없습니다.

보는 자를 찾아내십시오.

그러면 창조물은 보는 자 안에 있습니다.

아무런 봄이 없습니다.

봄은 오로지 있음입니다.

나 깨달음이라고 하는 상태는

새로운 무엇인가를 얻거나

멀리 떨어진 어떤 목적지에 이르는 것이 아닙니다.

그것은 언제나 그대이고 언제나 그대였던 그것으로

그저 있는 것입니다.

그때 우리는 나를 나로 깨달을 것입니다.

다른 말로 하면, 나로 있을 것입니다.

그 상태는 보는 자와 보이는 대상을 초월하여 있습니다.

거기에는 무엇인가를 보는 자가 없습니다.

지금 이 모든 것을 보고 있는

보는 자가 존재하기를 멈추며,

나만이 남습니다.

스크린이 없으면 어떤 영상도 없듯이

보는 자가 없으면 보이는 것도 없다는 것을 안다면,

그는 속지 않고 있습니다.

갸니는 스크린과 영상이 나라는 것을 압니다.

현명한 사람은 세상을 보면서,

보이는 것들의 토대인 나를 봅니다.

무지한 사람은 세상을 보든 보지 않든,

자신의 진정한 존재인 나를 모릅니다.

보는 자만이 실재하며 영원합니다.

수백만 개의 태양을 합해 놓은 빛으로 신이 나타난다고 합시다.

그것이 직접적인 경험일까요?

신의 모습을 보기 위해서는 눈과 마음이 필요합니다.

눈과 마음으로 보는 것은 간접적으로 보는 것입니다.

반면에 보는 자는 직접적인 경험입니다.

보는 자만이 직접적인 경험입니다.

실재는 유일하며, 그것은 나입니다.

나머지 모든 것은

나 안의, 나의, 나에 의한 현상들입니다.

보는 자, 보이는 대상, 보는 행위는 모두 오로지 나입니다.

보는 자인 나를 보지 않고 신을 보는 것은

단지 마음이 만들어 낸 이미지를 보고 있는 것입니다.

나를 보는 사람은 신을 보고 있습니다.

자아를 완전히 잃고 나를 보는 사람만이 신을 발견합니다.

나는 절대자와 따로 있지 않기 때문입니다.

나를 보는 것이 신을 보는 것입니다.

어떻게 나를 볼 수 있습니까?

자기 자신은 혼자이므로 다른 것을 보는 것이 가능하지 않다면,
어떻게 신을 볼 수 있겠습니까?
신을 보는 것은 사실 자신이 신의 먹이가 됨으로써 가능합니다.

신은 마음에게 빛을 주고 그 내부에서 빛납니다.
마음이 내면을 향하여 신 안에 머물도록 만드는 것 말고,
달리 어떻게 마음을 통해 신을 알 수 있겠습니까?

마음을 내면으로 향하게 하여 보는 자를 찾아내십시오.
그러면 그대는 자신이 보는 자이며,
외적인 세상은 존재하지 않는다는 것을 알게 됩니다.

마음은 자기 자신을 주체와 객체,
보는 자와 보이는 대상으로 나눕니다.
그러므로 이름과 형상으로 이루어진
외부 세상은 독립된 존재를 갖고 있지 않습니다.

인간이란 마음에 드리워진 절대자의 그림자입니다.
보는 자가 없으면 보이는 대상들도 없습니다.

보는 자만이 실재하며 영원합니다.

보는 자와 보이는 것이 함께 마음을 이룹니다.
마음이라는 것이 있는지 보십시오.
그러면 마음은 나 안으로 녹아들며,
거기에는 보는 자도 보이는 것도 없습니다.
나만이 늘 있는 그대로 남습니다.
보는 자는 나의 존재를 부인할 수 없습니다.
의식으로서의 나가 존재하지 않는 순간은 없으며,
보는 자가 의식과 별개로 남아 있을 수도 없습니다.
이 의식은 영원한 절대자이며 유일한 존재입니다.

보이는 것은 보는 자와 다르지 않습니다.
존재하고 있는 것은 하나의 나이지,
보는 자와 보이는 것이 아닙니다.
나로 여겨지는 보이는 것은 실재합니다.

10. 투리야티타

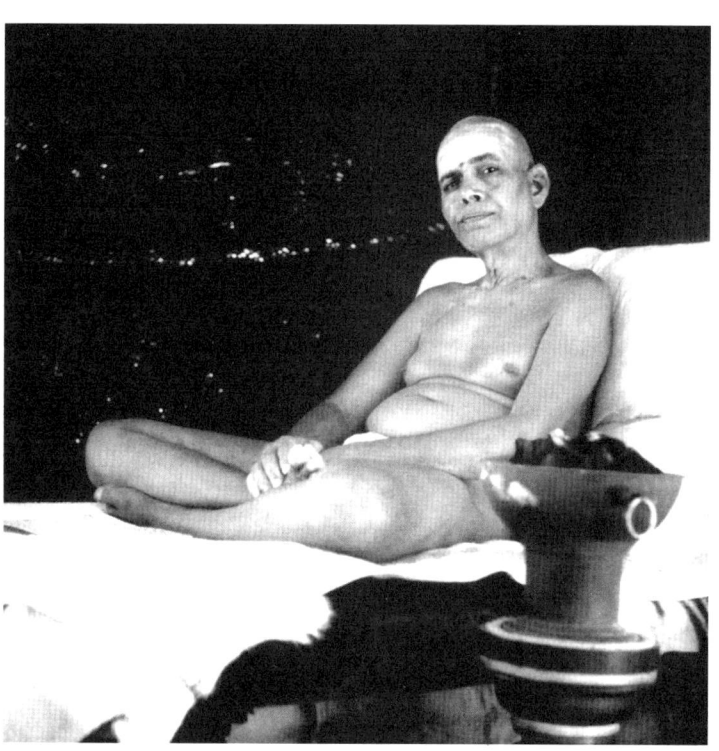

∗ 투리야는 지고의 실재이다.

∗ 힌두 철학은 깨어 있음, 꿈, 깊은 수면이라는,
상대적인 의식의 세 가지 교대 상태를 자명한 것으로 가정하고 있다.

∗ 바가반 라마나 마하리쉬는 다음과 같이 말하였다.

오직 하나의 상태가 있는데, 그것은 의식, 자각, 존재의 상태입니다.
깨어 있음, 꿈, 깊은 수면이라는 세 가지 상태는
실재일 수 없습니다.
그것들은 오고 가는 것들입니다.
실재는 항상 존재할 것입니다.
세 가지 상태에서 늘 지속되는
'나' 혹은 존재가 실재합니다.

세 가지 상태들은 실재하지 않으므로
그것들이 이러저런 정도의 실재성을 갖는다고 말할 수는 없습니다.

존재와 의식이 유일한 실재입니다.

의식에다 깨어 있음을 더한 것을 우리는 깨어 있음이라 합니다.

의식에다 잠을 더한 것을 우리는 잠이라 합니다.

의식에다 꿈을 더한 것을 우리는 꿈이라 합니다.

의식은 모든 영상들이 오고 가는 스크린입니다.

스크린은 실재이지만

영상들은 스크린 위에 비치는 그림자일 따름입니다.

투리야는 지고의 의식을 의미하며,

깨어 있음, 꿈, 깊은 수면이라는 세 가지 상태와 구별됩니다.

넷째 상태는 영원합니다.

세 가지 상태는 그것 안에서 오고 갑니다.

투리야에는 자각이 있습니다.

마음은 자기의 근원인 가슴으로 녹아들어

하나가 되었고, 거기에서 고요합니다.

깨어 있음, 꿈, 잠을 경험하는 사람들을 위해,

세 가지 상태를 초월하여 있는

깨어 있는 잠의 상태를 투리야(넷째)라고 부릅니다.

투리야만이 존재하고
세 가지 상태는 존재하지 않습니다.
그러므로 투리야가 그 자체로 투리야티타,
즉 넷째를 초월해 있는 그것임을 분명히 아십시오.

나는 이 세 가지 상태의 목격자입니다.
그래서 넷째(투리야)라 합니다.
이것이 알려질 때, 세 가지 경험은 사라지며
또한 나가 목격자라거나 넷째라는 개념도 사라집니다.

바로 이런 이유로 나를
넷째를 초월하여 있는 것(투리야티타)이라 합니다.

세 가지 상태를 초월하여 있는 갸니는
몸과 마음의 성향에 영향을 받지 않는 순수 의식으로 삽니다.

갸니에게 투리야티타는 투리야와 동일한 것입니다.

그에게는 세 가지 상태가 존재하지 않습니다.

진리를 확고히 붙들고 세 가지 상태를 초월하면,

삶의 활동은 릴라 즉 유희로 보일 것입니다.

투리야티타는 지고의 의식입니다.

완전히 깨어 있는 상태에서도 깊은 수면은 가능합니다.

잠의 무지가

꿈꾸는 상태와 깨어 있는 상태에 퍼져 있는 한,

그 상태들에서 자아를 찾아봄으로써

중단 없이 자기 탐구를 계속하십시오.

11. 자그라트 수슙티

그것은 희열이며, 그것은 영원하다.

자그라트 수슙티(jagrat sushupti) 상태를 깨어 있는 잠이라 합니다. 그것은 완전한 희열인 우리의 진정한 성품과 같습니다.

보통의 잠에서는 생각도 자각도 없습니다. 깨어 있는 잠인 자그라트 수슙티에는 순수 자각만이 있습니다. 이런 이유로 그것을 잠자는 동안의 깨어 있음이라 합니다. 이 초월적인 상태에 있는 사람은 궁극적인 진리와 하나이므로 모든 것과 조화로워집니다. 그 안에는 나로부터 분리되어 있는 것이 아무것도 없습니다.

갸니에게는 세 가지 상태가 모두 실재하지 않습니다. 갸니에게 실재의 기준은 실재 그 자체입니다. 이 실재는 순수 의식이며 본래 영원합니다. 따라서 그것은 깨어 있음, 꿈, 수면 동안에도 똑같이 존재하고 있습니다.

자그라트 수슙티가 갸니의 상태입니다. 잠을 자는 동안 자아는 가라앉으며, 감각 기관들은 활동하지 않습니다. 갸니의 자아는 소멸되었습니다. 따라서 그는 어떤 활동에도 자발적으로 개입하지 않으며, 자신이 행위자라는 생각도 없습니다. 그러므로 그는 잠을 자고 있습니다. 동시에 그는 잠에서처럼 무의식적이지 않으며 나 안에서 완전히 깨어 있습니다. 그러므로 그의 상태를 깨어 있는 잠이라 합니다. 이 깨어 있는 잠, 잠 없는 잠, 무슨 말로 부르든 그것은 나의 투리야 상태입니다. 스크린으로 있는 이 상태 위에 깨어 있음, 꿈, 잠이라는 세 가지 상태가 지나가지만, 스크린은 영향을 받지 않습니다.

갸니는 지고의 실재인 투리야에 자리 잡고 있습니다.

이 자그라트 수슢티는 완전한 지식의 상태입니다. 그 상태에서는 행위들이 완벽한 순서로 자동적으로 일어납니다. 그 상태에서는 몸이 아니라 우주가 '나'이기 때문입니다. 생각은 마음-달이 아니라 가슴-태양에 의하여 일어납니다.

태양이 온 세상을 비추듯이, 내면의 중심에 있는 순수 자각의 눈부신 빛이 온 몸을 비추고 있습니다. 몸 안에 그 빛이 퍼지므로 몸 안에서 경험을 합니다.

빛이 발산되는 중심은 가슴입니다. 그 순수 자각, 자그라트 수슢티 상태는 가슴으로서, 내면의 빛으로서 언제나 빛나고 있습니다.

12. 세 가지 상태
세 가지 상태는 실재일 수 없다.

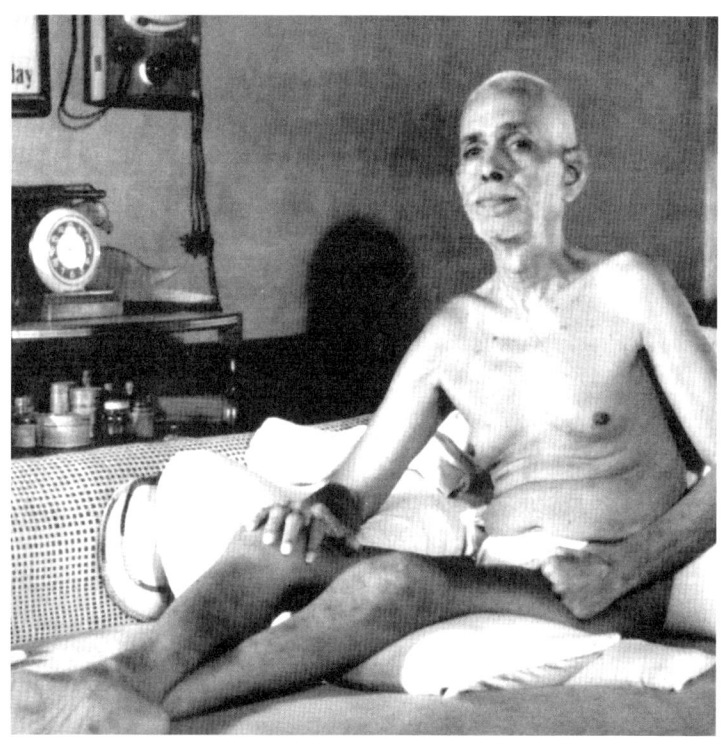

세 가지 상태는 깨어 있음, 꿈, 잠입니다.

잠은 무지가 아닙니다. 그것은 자신의 순수한 상태입니다.

깨어 있는 상태는 지식이 아닙니다. 그것은 무지입니다.

잠의 상태에서는 완전한 자각이 있으며, 깨어 있는 상태에서는 완전한 무지가 있습니다.

그대의 진정한 성품은 이 둘을 포함하고 있으며 그것들 너머로 확장되고 있습니다. 나는 지식과 무지 너머에 있습니다.

잠, 꿈, 깨어 있는 상태들은 나 앞에서 지나가는 형태들입니다. 그대가 그것들을 자각하든 하지 않든 그것들은 계속 진행됩니다.

꿈 없는 잠인 깊은 수면을 절대자의 희열이라 합니다. 깊은 수면은 순수 존재의 경험입니다.

인간의 진정한 성품은 행복입니다. 잠과 깨어 있는 상태는 모두가 경험하고 있습니다. 심지어 동물들과 식물들도 그것들을 즐깁니다.

무엇이 잠입니까? 잠은 우리가 날마다 자진하여 경험하는 상태입니다. 그 상태에서는 생각도, 대상도, 세상도, 어떤 구별도 없습니다. 그것은 자연스러운 행복의 상태입니다. 모든 사람은 잠자는 것을 좋아하며, 매일 숙면을 취하기 위해 잠자리를 잘 준비합니다. 잠을 잘 때 희석되지 않은 행복을 경험하기 때문입니다.

깊은 잠 속에 있을 때, 사람은 몸을 포함하여 어떤 소유물도 갖고 있지 않습니다. 그런데 불행하기는커녕 그는 매우 행복합니다. 모든 사람이 깊은 숙면을 취하기를 원합니다. 결론적으로, 행복은 본래 사람 안에 있습니다.

하나의 상태만이 있습니다. 그것은 의식 혹은 자각 혹은 존재의 상태입니다. 깨어 있음, 꿈, 잠이라는 세 가지 상태는 실재일 수 없습니다. 그것들은 단지 오고 갈 뿐입니다. 실재는 항상 존재해야 합니다. 그 세 가지 상태에서도 홀로 지속하고 있는 존재 혹은 '나'가 실재합니다. 세 가지 상태는 실재하지 않습니다. 따라서 그것들이 이런저런 정도의 실재성을 갖는다고 말할 수는 없습니다. 그것을 다음과 같이 개략적으로 말할 수 있습니다. 존재 혹은 의식이 유일한 실재입니다. 의식에 깨어 있음을 더한 것을 깨어 있음이라 합니다. 의식에 잠을 더한 것이 잠이라 합니다. 의식에 꿈을 더한 것을 꿈이라 합니다. 의식은 모든 영상들이 오고 가는 스크린입니다. 스크린은 실재이며, 영상들은 그 위를 지나가는 그림자와 같습니다.

꿈은 짧고 깨어 있는 상태는 길다는 점을 제외하면, 둘 사이에는 차이가 없습니다. 둘은 모두 마음의 결과입니다. 깨어 있는 상태가 길기 때문에 우리는 그것을 우리의 진정한 상태라고 상상합니다. 그러나 실상 우리의 진정한 상태는 투리야, 즉 넷째 상태라고 불리는 것입니다. 그것은 항상 있는 그대로 있으며, 깨어 있음, 꿈, 잠이라는 세 가지 상태를 전혀 모릅니다.

'나'는 항상 있습니다. 깊은 잠에서도, 꿈에서도, 깨어 있는 동안에도 항상 있습니다. 깊은 잠 속에 있는 사람은 지금 말하고 있는 사람과 같은 사람입니다. '나'라는 느낌은 항상 있습니다. 그렇지 않다면 그대는 자신이 존재하고 있다는 것을 부정합니까?

수면, 꿈, 깨어 있음의 상태는 움직이지 않는 나 위에 나타나는 현상들에 불과합니다. 나는 단순한 자각의 상태입니다. 누군가가 어느 한 순간이라도 나로부터 떨어져 존재할 수 있습니까? 나는 순수 의식입니다. 아무도 나로부터 떨어져 있을 수 없습니다. 이원성이 있을 때만 질문이 가능합니다. 그러나 순수 의식의 상태에는 이원성이 없습니다. 같은 사람이 자고 꿈을 꾸고 깨어납니다. 깨어 있는 상태는 아름답고 흥미로운 것들로 가득하다고 여깁니다. 수면에서는 그러한 경험이 없다고 하여 수면을 둔한 상태라고 여깁니다. 더 나아가기 전에 이 점을 명확히 해 둡시다. 그대는 잠자는 동안에도 자신이 존재한다는 것을 인정하지 않습니까?

그대는 깨어 있는 지금이나 그때나 같은 사람입니다. 그렇지 않습니까?

깊은 수면은 이원성이 없는 상태입니다. 수면은 모든 구별을 잊는다는 것을 의미합니다. 이것만이 행복을 오게 합니다. 사람들이 그러한 행복을 얻기 위하여 어떻게 자신의 잠자리를 잘 준비하는지 보십시오. 부드러운 쿠션과 베개와 그 밖의 것들은 좋은 잠을 자기 위한, 말하자면 깨어 있음을 끝내기 위한 것들입니다. 그러나 부드러운 침대 등은 잠의 상태에서는 소용이 없는 것들입니다. 이것은 그 모든 노력이 무지를 끝내기 위한 것임을 암시합니다. 사실, 우리의 진정한 상태는 희열이며, 우리는 깊은 잠에서 그런 희열을 즐깁니다.

꿈은 깨어 있음과 깊은 수면의 결합입니다. 꿈은 깨어 있는 상태에서 받은 인상들 때문에 생깁니다. 꿈에서 그대는 자신을 지금 깨어 있는 사람과 동일시합니다. 깨어 있는 것은 거친 상태이고 꿈은 미묘한 상태라는 것을 제외하고는 둘 사이에 큰 차이가 없습니다.

깨어 있는 상태에서는 거친 몸이 거친 이름들과 형상들을 지각합니다. 꿈의 상태에서는 정신적인 몸이 정신적인 이름들과 형상들을 지각합니다. 깊은 수면에서는 몸과의 동일시가 일어나지 않으므로 아무런 지각이 없습니다.

보통의 잠에서는 생각도 없고 자각도 없습니다. 깨어 있는 잠의 상태(자그라트 수슙티), 즉 갸니의 상태에는 오로지 순수 자각만이 있습니다. 그런 이유로 그것을 깨어 있는 잠이라 합니다.

* 어떻게 깨어 있는 잠의 상태로 들어갈 수 있는가? 그렇게 할 수 있는 방법을 바가반은 아주 분명하게 제시하고 있다.

* 깨어 있는 상태와 잠의 상태의 유일한 차이는 몸에 집착하는 '나'가 있느냐 없느냐 하는 것이다. 몸-의식이 그 차이를 만든다.

* 어떻게 몸-자각이 일어나는가?

* 바가반은 다음과 같이 말한다.

몸은 지각 능력이 없습니다. 몸은 '나'라고 말하지 않습니다.
순수 존재는 일어나지도 사라지지도 않습니다.
그렇지만 몸의 한계 안에서, 몸과 나 사이에 하나의 '나'가 일어납니다.
그것을 물질과 영 사이의 매듭, 혹은 마음이라 합니다.

* 바가반은 마음이 나타나는 과정을 다음과 같이 설명하였다.

* 잠에서 완전히 깨어 있는 상태 사이에, 가슴에서 '나'라는 생각이 일어나는 과도기 상태가 있습니다. 이 '나'라는 생각은 신비로운 힘이라고 바가반은 말합니다. 이 '나'라는 생각은 몸이나 나 중 어디에도 전적으로 속하지 않는 것이기 때문입니다.

깨어 있음의 상태는 '나'라는 생각과 몸, 개별 자아가 합해진 것입니다. 마음은 생각의 꾸러미에 불과합니다. 깨어 있는 상태를 수면과 구별시키는 것은 이 신비로운 힘인 마음입니다.

13. 갸니

갸니는 절대자이다.

더위는 달빛으로 누그러집니다. 가난과 빈곤은 칼파카 나무에 의해 없어집니다. 죄는 신성한 갠지스 강물에 의해 씻겨 나갑니다. 이 모든 고통들은 비길 데 없는 성자를 달샨하는 것만으로 사라집니다.

성자를 달샨만 하여도 모든 고통과 죄악이 사라집니다.

성스러운 물, 흙, 돌로 만든 신상들을 성자의 자비로운 눈빛과 비교할 수는 없습니다. 전자의 것들은 세월이 많이 흘러야 구도자를 순수하게 합니다. 성자가 자신의 인자한 눈길을 구도자에게 주자마자 구도자는 순수해진다는 것을 아십시오.

성자들과의 친밀한 교제는 해방을 오게 합니다. 그런 교제는 소중하게 여겨져야 합니다. 자기 탐구와 더불어, 그런 교제는 다른 어떤 영적 수행보다도 강력합니다.

왜냐하면 성자의 자비로운 시선은
당장 사람을 순수하게 만들기 때문입니다.
성자의 진정한 성품은 가슴이며 절대자입니다.

갸니의 진정한 성품은 가슴입니다. 왜냐하면 갸니는 나뉘지 않은 순수 의식, 충만한 의식과 동일하기 때문입니다. 충만한 의식은 진실로 절대자입니다. 충만한 의식 이외의 절대자는 없습니다.

보통 사람들은 가슴에 있는 자신을 자각하지 못하고 머리 안에서 살아갑니다. 갸니는 가슴에 삽니다. 갸니는 다닐 때나 사람과 사물을 대할 때, 그가 보는 것은 지고의 실재로부터 분리되어 있지 않다는 것을 압니다. 그는 절대자를 자신의 가슴에서 자신의 진정한 나로 깨달았습니다.

갸니는 어느 누구도 무지하다고 보지 않습니다. 그의 눈에는 모두가 갸니입니다. 지혜의 상태에 있는 갸니는 무엇을 보더라도 그것들이 나로부터 떨어져 있다고 보지 않습니다. 나는 오로지 빛나는 순수한 지혜입니다. 갸니는 그 어떤 것도 진리, 실재로부터 떨어져 있다고 보지 않습니다.

갸니는 나를 봅니다. 갸니에게는 의식의 세 가지 상태가 똑같이 비실재입니다. 무지한 사람은 이점을 이해할 수 없습니다. 그에게는 깨어 있는 상태가 실재의 기준이기 때문입니다. 반면에 갸니에게는 실재 그 자체가 실재의 기준입니다. 순수 의식인 이 실재는 본래 영원하며, 그대가 깨어 있음, 꿈, 수면이라고 부르는 상태들 동안에도 항상 똑같이 존재하고 있습니다. 실재와 하나가 된 갸니에게는 마음도 없고, 세 가지 상태도 없으며, 안과 바깥도 없습니다. 갸니는 항상 깨어 있는 상태에 있습니다. 그는 영원한 나에 깨어 있기 때문입니다. 그의 상태는 항상 꿈꾸는 상태입니다. 왜냐하면 그에게는 세상이 반복적으로 나타나는 꿈보다 나을 것이 없기 때문입니다. 그의 상태는 늘 잠자는 상태입니다. 왜냐하면 그에게는 몸이 나라는 의식이 전혀 없기 때문입니다.

갸니는 자신이 나라는 것을 알며, 자기의 몸이든 어떤 것이든 나 외에는 아무것도 존재하지 않는다는 것을 압니다. 그런 사람에게는 몸이 있건 없건 무슨 차이가 생기겠습니까? 갸니는 세상을 보면서 보이는 모든 것의 바탕인 나를 보고 있습니다. 무지한 사람은 세상을 보고 있건 보고 있지 않건 간에 진정한 자신은 나라는 것을 모르고 있습니다. 갸니에게는 나만이 존재하며, 다른 것은 아무것도 존재하지 않습니다.

갸니들은 진리인 실재를 알고 있으므로 어떤 상태나 어떤 조건에서도 늘 같은 채로 있습니다. 음식을 먹고, 움직이고, 다른 모든 일을 하는 일생 생활에서 갸니들은 오로지 다른 사람들을 위해서만 행위를 합니다. 단 하나의 행위도 자신을 위해서 하지 않습니다. 모든 이들이 육체적인 상처나 고통을 느끼지만, 마음이 희열 속에 가라앉아 있는 갸니들은 그것들을 마치 꿈인 것처럼 느낍니다. 서로의 얼굴을 바라보는 두 연인의 마음이 희열에 차 있어서 함께 고문을 받으면서도 고통을 느끼지 못했다는 이야기가 있습니다. 갸니들은 이 두 연인의 경우와 비슷합니다.

갸니의 마음은 순전히 조화롭고, 형상이 없으며, 지식의 미묘한 층에서 기능하고 있습니다. 그는 그것을 통하여 세상과 접촉하고 있습니다.

* 성자(갸니)는 그냥 앉아 있는 것만으로도 세상의 무수한 사람들을 끌어들이고, 수많은 사람들의 생활 방식을 변화시키며, 심지어 어떤 이들을 신성에 이르게도 한다.

성자들과 교제를 하면 무지가 점차 사라지다가 나중에는 완전히 사라집니다. 그러면 영원한 나가 드러납니다. 깨달음은 영원히 있으며, 구루에 의해 새롭게 주어지는 것이 아닙니다. 구루는 무지를 없애도록 도와줄 뿐입니다.

진리를 깨달은 성자들과의 교제는 물질적인 집착을 사라지게 합니다. 이러한 집착들이 사라지면 마음의 집착이 전적으로 파괴됩니다. 마음의 집착이 파괴된 사람들은 움직이지 않는 원리인 그것과 하나가 됩니다. 그들은 살아 있는 동안 해방에 이릅니다. 그러므로 이런 성자들과의 교제를 소중히 하십시오.

성자들과의 교제의 결과로 지금 여기에서 얻어진, 그리고 가슴과 접촉하며 깊은 자기 탐구 명상을 통하여 실현된 이 지고의 상태는 선생의 도움이나 경전의 지식, 영적인 공덕이나 다른 어떤 수단들에 의해서는 얻어질 수 없는 것입니다.

성자들과 접촉할 수 있다면, 다양한 수행 방법들이 무슨 필요가 있겠습니까? 부드럽고 시원한 남풍이 불어오는데 부채가 무슨 소용이 있겠습니까?

갸니를 이해하기 위해서는 자신이 갸니가 되어야 합니다. 그러나 성자의 위대함을 알아보기 위한 유일한 방법은 성자의 주변에 가득 퍼져 있는 마음의 평화입니다.

자신이 몸이라는 개념을 초월한 뒤에야 갸니가 됩니다. 자신이 몸이라는 개념이 없다면 행위자도, 행위 한다는 마음도 있을 수 없습니다. 따라서 갸니에게는 어떤 카르마도 없습니다. 즉 갸니는 행위를 하지 않습니다. 그것이 그의 경험입니다. 그렇지 않다면 그는 갸니가 아닙니다. 하지만 무지한 자(아갸니)는 몸과 동일시합니다. 갸니는 그렇게 하지 않습니다.

라디오에서 노래와 말이 나오지만, 라디오를 열어 보면 그 안에 아무도 없습니다. 이와 마찬가지로 나의 존재는 공간과 같습니다. 이 몸을 통해 라디오처럼 말을 하고 있지만 안에는 행위자가 없습니다.

살아가고 행위를 하는 데는 마음이 필요한데, 어떻게 갸니는 마음 없이 살아가고 행위를 합니까? 도공이 항아리를 완성한 후 물레를 멈춘 뒤에도 물레는 한동안 계속 돌아갑니다. 마찬가지로, 선풍기의 전원을 끈 뒤에도 선풍기는 한동안 돌아갑니다. 몸을 창조한 이전의 카르마가 몸이 하도록 예정되어 있는 활동들을 하게 할 것입니다. 하지만 갸니는 자신이 행위자라는 생각 없이 이 모든 활동들을 겪습니다.

갸니의 마음은 의식의 빛에 녹아 없어졌습니다. 순수 의식인 이 실재는 영원합니다. 갸니는 해방이나 속박을 의식하지 않습니다. 굴레와 속박 그리고 자유에 이르는 단계들은 모두 무지한 사람들이 무지를 떨쳐 버리도록 하기 위하여 있습니다. 오로지 해방만이 있으며, 그 밖의 것은 아무것도 없습니다.

여인들은 물 항아리를 머리에 이고 걸으면서도 옆 사람들과 이야기를 나눌 수 있습니다. 그러면서도 그들의 주의는 내내 머리 위의 물에 가 있습니다. 이와 마찬가지로 갸니가 활동을 하고 있을지라도 활동은 그를 방해하지 않습니다. 그는 절대자 안에 있기 때문입니다.

갸니의 마음은 절대자입니다. 절대자는 다름 아닌 바로 갸니의 마음입니다.

배운 사람도 무학의 성자에게 머리를 숙여야 합니다. 무학은 무지입니다. 교육은 학습된 무지입니다. 무학과 교육은 둘 다 자기의 진정한 목표에 대해 무지합니다. 반면에 성자는 무지하지 않습니다. 그에게는 이루어야 할 목표가 없기 때문입니다.

궁극적인 목표는 불멸의 의식을 깨닫는 것입니다.

14. 성자의 고요
그는 충만이다.

성자는 끊임없이 열심히 행위를 합니다. 그의 고요는 빨리 도는 팽이가 정지해 있는 듯이 보이는 것과 같습니다. 팽이의 회전하는 속도가 눈으로 따라잡을 수 없도록 빨라서 정지해 있는 것처럼 보입니다. 성자들이 아무런 행위를 하지 않는 것처럼 보이는 것도 이와 같습니다. 이 점을 말하는 까닭은 보통 사람들이 대부분 성자의 고요를 활동하지 않는 것으로 착각하기 때문입니다. 그렇지 않습니다.

갸니의 행위보다 더 강한 행위는 태양 아래에 없습니다. 갸니는 우주의 모든 에너지의 저장고인 순수 의식이며 충만이기 때문입니다.

존재의 진정한 상태는 고정되어 있고, 움직임이 없으며, 모든 행위들이 그를 중심으로 일어나고 있다는 것을 갸니는 환히 알고 있습니다. 그의 성품은 변하지 않으며, 그의 상태는 외부의 영향을 조금도 받지 않고 있습니다. 그는 모든 것을 무심으로 보며 희열에 머무르고 있습니다. 그의 상태는 진정한 상태이며, 존재의 최초의 그리고 자연스러운 상태에 있습니다. 행위에 있어서는 갸니와 아갸니(무지한 자) 간에 아무런 차이가 없습니다. 그들의 차이는 오로지 보는 관점에 있을 뿐입니다.

15. 신의 발아래

그대의 짐을 신의 발아래에 내려놓아라.

그대의 짐을 모든 것을 있게 한 우주의 주인인 신의 발아래 내려놓으십시오. 항상 가슴 안에, 초월적인 절대자 안에 확고히 머무르십시오. 신은 과거와 현재와 미래를 압니다. 신은 그대를 위하여 미래를 결정할 것이며 일을 이룰 것입니다. 이루어질 일은 적절한 때에 이루어질 것입니다. 걱정하지 마십시오. 가슴 안에 살면서 그대의 행위를 신에게 복종시키십시오.

카르타(Karta)라는 단어는 행위자를 의미합니다. 여기서 이 단어는 행위의 결과들을 주는 존재인 신을 의미합니다.

바가바드 기타는 그대는 몸이 아니며 따라서 그대는 행위자가 아니라는 말로 시작됩니다. 이 말의 의미는 자신을 행위자로 여기지 말고 행위하라는 것입니다. 행위들은 자아 없는 상태에서도 계속될 것입니다.

갸니는 이런 모든 행위들을 자신이 행위자라는 개념이 없이 경험합니다. 갸니는 행위자가 아닙니다. 그러므로 그에게 프라랍다(이번 생에 경험하기로 되어 있는 과거 행위들)가 있다고 보는 것은 우스운 생각입니다.

무지한 사람은 자신이 행위자가 아님에도 불구하고 자신을 행위자로 상상하여 몸의 행위들을 자신의 것으로 생각합니다. 또 무지한 사람은 갸니의 몸이 행위를 할 때도 갸니가 행위를 하고 있다고 생각합니다. 그러나 갸니는 진실을 알고 있으며 오해하지 않습니다. 갸니가 행위자라면 그는 행위의 내용을 정하여야만 합니다. 나는 행위자일 수 없습니다. 누가 행위자인지를 찾아내십시오. 그러면 나가 드러납니다.

자신을 행위자라 여기는 것이 문제입니다. 그것은 오해입니다. 모든 것을 하는 것은 신이며, 인간은 신의 도구일 뿐입니다. 이 사실을 받아들인다면 문제들로부터 자유로워집니다. 그렇지 않다면 문제들을 자초하고 있습니다.

행위자라는 느낌이 있는 한 욕망이 있습니다. 그 느낌은 성격이기도 합니다. 이것이 사라지면, 순수하게 빛나는 나가 드러납니다. 행위자라는 느낌은 굴레이며, 행위들 자체가 아닙니다. "고요하라. 그리고 내가 신임을 알라."라는 말에서 고요함은 개별성의 흔적이 전혀 없는 완전한 복종을 의미합니다. 고요가 가득할 것이며, 마음의 동요는 없을 것입니다. 마음의 동요는 욕망, 행위자라는 느낌, 성격의 원인입니다. 동요가 멈추면 고요가 있습니다.

"나는 행위하고 있다."라는 느낌이 지속되는 한, 좋은 것이든 나쁜 것이든지 행위의 결과들을 경험해야 합니다. "나는 행위한다."라는 느낌이 사라지면, 그 어떤 것도 그에게 영향을 주지 못합니다. 나를 깨닫지 못하는 한, "내가 행위한다."라는 느낌은 결코 사라지지 않을 것입니다. 자신이 행위자라고 생각하는 사람은 또한 고통을 받는 사람입니다. 좋고 나쁜 행위들이 행위자의 것이라면, 즐거움과 고통을 왜 그대만의 것이라고 생각해야 합니까? 선과 악을 행하는 자가 또한 즐거움을 누리거나 고통을 겪습니다.

자신이 몸이 아니고 "내가 행위자다."라는 생각도 가지지 않는다면, 좋거나 나쁜 행위들의 결과는 그대에게 영향을 미치지 않습니다. 몸이 행하는 행위들에 대하여, 그대는 왜 "내가 이것을 한다. 내가 그것을 한다."라고 말합니까? 자신을 몸과 동일시하는 한, 행위의 결과들에 영향을 받습니다. 자신을 몸과 동일시하는 동안 그대는 행위들을 축적하고 있습니다.

행위의 진수는 "행위들을 시작하는 행위자인 나는 누구인가?"라는 탐구를 함으로써 자신에 대한 진실을 아는 것입니다. 자아는 탐구를 통하여 소멸됩니다. 카르마 요가(욕망 없는 행위의 요가)의 결과인 지고한 희열의 완벽한 평화를 그대는 얻을 수 있습니다.

만약 자기 자신을 행위자로 여긴다면, 그는 세 가지 카르마의 결과들을 거두어야 합니다. 자기 탐구를 통하여 자아가 파괴될 때, 행위자도 없고 세 종류의 카르마도 없습니다. 늘 존재하는 해방의 상태만 있습니다.

행위자 의식, "내가 이 행위를 하고 있다."는 느낌은 마음이 존재하는 동안에만 존재할 수 있습니다. 마음의 형태는 "나는 이것이다." 혹은 "나는 저것이다."라는 느낌입니다.

지혜의 상태에 이르러 이 환영에서 깨어나기 전에는, 고통을 겪을 때마다 고통을 감소시키기 위하여 사회봉사를 해야 합니다. 하지만 그렇게 할 때도 자아 없이, 즉 "내가 행위자다."라는 의식을 갖지 않고, "나는 신의 도구이다."라고 느끼며 해야 합니다. 또한 우쭐해 하며 "나는 나보다 못한 사람을 돕고 있다. 그는 도움이 필요하다. 나는 도움을 주는 위치에 있다. 나는 우월하고 그는 열등하다."라고 생각하지 않아야 합니다. 그 사람 안에 있는 신을 숭배하는 수단으로 그를 도와야 합니다. 그러한 모든 봉사도 그대의 나를 위한 것이지 다른 누구를 위한 것이 아닙니다. 그대는 다른 사람이 아니라 오직 그대 자신을 돕고 있습니다.

반대로, 그대는 모두를 사랑하고 도와야 합니다. 오직 그런 방식으로만 그대는 자신을 도울 수 있기 때문입니다. 다른 창조물의 고통을 감소시키고자 할 때, 그 봉사를 사심 없이 행한다면, 즉 "내가 이것을 하고 있다."라는 에고의 느낌이 없이, "신이 나를 통하여 일을 하고 있다. 신이 행위자이며 나는 도구이다."라는 정신으로 행한다면, 그대의 노력이 성공하든 실패하든 그대는 영적으로 진보하게 됩니다.

자신이 다른 사람에게 주는 모든 것은 실은 자신에게 주는 것이라는 진실을 안다면, 어느 누가 덕 높은 사람이 되지 않겠습니까? 또한 다른 사람들에게 주는 친절한 행위를 하지 않겠습니까? 모든 사람은 자신의 나입니다. 그러므로 누가 누구에게 무엇을 하든지 그것은 바로 자신에게 하고 있는 것입니다.

신에게 복종하여 그분의 뜻대로 사십시오. 그대는 오로지 신을 신뢰해야 합니다. 신은 무엇이 최선인지, 언제 어떻게 그것을 해야 하는지 알고 있습니다. 모든 것을 전적으로 신에게 맡기십시오. 짐은 그분의 것이며, 그대는 더 이상 염려할 필요가 없습니다. 그대의 모든 염려는 그분의 것입니다. 그것이 바로 복종입니다.

자신을 행위자라고 여기는 한, 행위의 결과들도 겪게 마련입니다. 그러나 그것이 누구의 행위인지 찾아낸다면 자신이 행위자가 아니라는 것을 알게 될 것입니다. 그러면 자유롭게 될 것입니다. 이것을 아는 데는 신의 은총이 필요합니다. 신을 명상해야 하는 이유는 바로 이것입니다.

복종하십시오. 그러면 모든 것이 잘 될 것입니다. 모든 책임을 신에게 넘기십시오. 짐을 스스로 지지 마십시오. 운명이 무엇을 할 수 있겠습니까? 신에게 복종한다면 불안이 없을 것입니다. 신이 보호해 준다면 어떤 것도 그대에게 영향을 주지 않을 것입니다. 이런 안도감은 신에 대한 믿음에 달려 있고 믿음의 정도에 비례합니다. 개별성이 있는 한, 그 사람은 즐기는 자이며 행위자입니다. 개별성이 사라진다면, 신성이 퍼져 나갈 것이며 신이 일을 안내할 것입니다. 죽음이 찾아오더라도 낙심하지 마십시오. 모든 것은 신에 의해 이루어진다는 것을 알고서, 나의 근심 없는 상태에서 행위 없이 있으십시오.

각자의 프라랍다(운명)에 따라서, 운명의 주재자이자 모든 곳에 있는 신은 프라랍다가 자신의 역할을 하도록 할 것입니다. 일어나지 않기로 되어 있는 일은 아무리 노력해도 일어나지 않을 것입니다. 일어나기로 되어 있는 일은 아무리 막으려 해도 일어날 것입니다. 이것은 분명합니다.

그러므로 고요하게 머무는 것이 최선입니다.

"내가 이것을 하고 있다. 내가 행위자다."라는 생각이 없이 자신의 의무를 행하는 것이 모든 것을 포기하고 출가하는 것보다 낫습니다. 출가자라고 해도 "나는 모든 것을 버린 출가자이다."라고 생각한다면, 그는 진정한 출가자일 수 없습니다. 반면에 가정을 가지고 있는 사람이라도 "나는 가정을 가지고 있는 사람이다."라고 생각하지 않는다면, 그는 진정한 출가자입니다. 현재의 장애는 자신을 행위자이라고 생각하는 데 있습니다. 자신을 행위자라고 생각하는 것은 오해입니다. 모든 것을 행하는 것은 더 높은 힘이며, 인간은 단지 도구일 따름입니다. 그 입장을 받아들이는 사람은 걱정들로부터 자유롭습니다. 그렇지 않다면 그는 걱정들을 스스로 일으키고 있습니다.

"오, 지고자시여! 저는 세속의 모든 집착을 버리고 당신의 발에만 매달릴 정도로 뛰어난 분별을 지니지 못한 사람들 중에 가장 못난 사람입니다. 저의 모든 짐을 당신의 짐으로 받아들이시어, 모든 행위들에서 제가 한다는 의식이 멈추도록 해 주소서. 이 온 우주를 유지하시는 당신에게 실로 무엇이 짐이 될 수 있겠습니까? 오, 주여! 당신을 떠나 이 세상의 짐을 제 머리 위에 이고 다님으로 저는 충분히 많은 괴로움을 겪었습니다. 오, 주재자이신 아루나찰라여! 제가 더 이상 당신의 발에서 떨어지지 않게 하소서."

– 아루나찰라에 바치는 11연시(슈리 아루나찰라 파티캄),

9연,

슈리 라마나

16. 깨달음

깨달음은 이미 있다.

깨달음은 우리의 성품입니다. 그것은 새롭게 얻어지는 것이 아닙니다. 새로운 것은 영원할 수 없습니다. 그러므로 나를 잃거나 얻을 수 있는지에 대해 의문을 품을 필요가 없습니다.

우리가 나 깨달음의 상태라고 부르는 것은 새로운 무엇인가를 얻거나 멀리 있는 어떤 목표에 이르는 것이 아닙니다. 그것은 언제나 그대 자신이고 언제나 그대 자신이었던 그것으로 그저 있는 것입니다. 필요한 모든 것은 진실이 아닌 것을 진실로 여기는 이해를 포기하는 것뿐입니다. 우리 모두는 실재하지 않는 것을 실재하는 것으로 여깁니다. 우리는 이런 습관을 포기해야만 합니다. 그러면 우리는 나를 나로 깨닫게 될 것입니다. 즉, 나로 있게 될 것입니다.

우리가 깨달음이라고 부르는 상태는 단지 자기 자신으로 있는 것이지, 어떤 것을 알거나 어떤 것이 되는 것이 아닙니다. 만약 어떤 사람이 깨달았다면, 그는 '지금 있고' 언제나 있어 온 그것이 되는 것입니다. 그 상태를 묘사할 수는 없습니다. 오직 그것으로 있을 수만 있습니다. 물론 우리는 더 좋은 말이 부족하기에 나 깨달음에 대해 부정확한 용어들로 얘기합니다. 실재하고 있는 그것을 어떻게 실재하게 만들거나 실현시킬 수 있겠습니까?

깨달음은 새롭게 얻는 것이 아닙니다. 그것은 이미 거기에 있습니다. 필요한 모든 것은 "나는 깨닫지 못했다."라는 생각을 없애는 것입니다.

깨달음은 이미 여기에 있습니다. 생각들로부터 자유로운 상태가 실재의 상태입니다. 깨달음이라는 그러한 행위는 없습니다. 깨달음에 대해 말한다면, 그것은 깨닫는 나와 깨달아지는 나라는 두 개의 나가 있다는 것을 암시합니다.

깨달음은 새로운 것이나 새로운 능력을 얻는 것이 아닙니다. 그것은 오로지 모든 가림을 없애는 것입니다.

그대는 자신의 희열 상태에 무지합니다. 무지가 일어나서 희열인 순수한 나를 베일로 가립니다. 그릇된 지식에 지나지 않은 이 무지의 덮개를 치우기만 하십시오. 그러면 그릇된 지식, 잘못된 동일시는 가고 나만이 남습니다.

나는 항상 깨달아 있습니다. 이미 언제나 깨달아 있는 것을 깨닫고자 하는 것은 아무런 소용이 없습니다. 그대는 자신의 존재를 부인할 수 없기 때문입니다. 그 존재는 나인 의식입니다.

깨달음은 오로지 나에 대한 것이며 나 안에만 있을 수 있습니다. 깨달음은 결코 나로부터 떨어져 있을 수 없습니다. 나는 신입니다. 나를 깨닫는 데 필요한 모든 것은 고요히 있는 것입니다. 그러므로 나 지식은 더욱 쉽게 얻을 수 있습니다.

이름이나 형상으로도 절대적 실재를 숭배할 수 있습니다. 그러나 그것은 이름과 형상이 없는 완전한 존재를 깨닫기 위한 수단일 뿐입니다. 우리가 그 실재와 관련하여 자신의 진정한 존재를 알고, 그것 안으로 들어가 하나 됨으로써 자신이 그것과 같다는 것을 깨닫는 것이 오로지 진정한 깨달음입니다.

하나라는 토대가 없이는 둘이나 셋이 결코 있을 수 없습니다. 유일한 실재가 무엇인지 탐구하여 자기 자신을 들여다보면 그것들이 사라집니다. 이것을 보는 사람들은 지혜를 보는 사람들입니다. 그들은 결코 혼란스러워하지 않습니다.

해방이 무엇인지에 대한 의문은 개별성이 있는 동안에만 일어날 수 있습니다. 이 개별성이 사라지면 진정한 해방이 깨달아집니다.

17. 나는 항상 깨달아 있다

나를 깨달으면 더 이상 알아야 할 것이 없습니다. 그것은 완전한 희열이며, 그것이 전부이기 때문입니다.

"나는 몸이다."라는 생각에 미혹된 사람들이 끝없는 윤회의 바다를 건널 수 있는 유일한 뗏목은 나뉘지 않은 하나이며 순수한 실재인 '나'로서 늘 빛나고 있는 자신의 나에 주의를 돌리는 것입니다.

자아를 잃으면 그것이 바로 실재입니다. 자아가 무엇인지 탐구함으로써 자아를 파괴하십시오. 자아는 실체가 아니므로 자동적으로 사라지고, 실재가 스스로 빛을 발할 것입니다. 이것이 직접적인 방법입니다. 다른 모든 방법들은 자아를 지키면서 행해집니다. 그러한 길들에서는 많은 의심이 일어나고, 마지막에는 "나는 누구인가?"라는 영원한 질문이 남게 되며, 이 질문을 붙잡고 씨름해야 합니다. 하지만 탐구의 방법에서는 이 마지막 질문을 처음부터 합니다. 이 탐구를 하는 사람에게는 영적 수행들이 필요치 않습니다.

실재인 우리가 실재를 찾고자 한다는 이것보다 더 큰 신비는 없습니다. 우리는 어떤 무엇이 실재를 숨기고 있으며, 그것이 파괴된 뒤에야 실재를 얻을 수 있다고 생각합니다. 그것은 우스운 생각입니다. 그대의 과거의 노력들에 대해 웃을 날이 있을 것입니다. 그대가 웃게 될 그 날에 있을 그것이 지금 여기에도 있습니다.

해방은 우리의 성품입니다. 자아를 잃으면 그것이 빛납니다. 자아 없이 자기를 의식하며 사는 삶이 해방된 영혼의 삶입니다. 그는 진리, 가슴의 깊은 곳으로부터 살고 행합니다. 그는 무지한 사람들과 달리 세상의 충격들에 영향을 받지 않습니다.

제 3 부

1. 길

길은 없다.

길에 대해 이야기할 때, 그대는 지금 어디에 있습니까? 그대는 어디로 가기를 원합니까? 이것을 안다면, 우리는 길에 대하여 이야기할 수 있습니다. 먼저 그대가 어디에 있는지, 그대가 무엇인지를 아십시오. 도달해야 할 곳은 없습니다. 이르러야 할 목적지는 없습니다. 얻어야 할 것도 없습니다. 어떤 목표가 있고 거기에 이르는 길이 있다는 개념은 잘못입니다. 우리가 언제나 목적지이며 평화입니다. 그대는 나입니다. 그대는 늘 존재하고 있습니다.

이르러야 할 목적지가 있다면, 그것은 영원할 수 없습니다. 목적지는 이미 거기에 있어야 합니다. 우리는 자아를 가지고 목적지에 이르고자 하지만, 목적지는 자아 이전에 존재합니다. 목적지 안에 있는 것은 심지어 우리가 태어나기 전부터, 즉 에고가 태어나기 전부터 있습니다. 우리가 존재하기 때문에 자아도 존재하는 것으로 보입니다.

나에 이른다는 것은 없습니다. 나가 이르러야 하는 것이라면, 나는 지금 여기에 있지 않으며 나중에 얻어져야 하는 것임을 의미할 것입니다. 새롭게 얻는 것은 잃게 될 것입니다. 그러므로 그것은 영원하지 않을 것입니다. 영원하지 않은 것은 추구할 가치가 없습니다. 그러므로 나는 도달되는 것이 아니라고 말하는 것입니다. 그대는 나입니다. 그대는 이미 그것입니다. 그대는 항상 존재하고 있습니다. 그대는 늘 그대 자신으로 있습니다. 하지만 그대는 그것을 깨닫지 못하고 있습니다. 그것이 전부입니다.

자기 탐구는 과정이자 또한 목적지입니다. "나는 이다."는 목적지이며 궁극의 실재입니다. 노력으로 그것을 유지하는 것이 자기 탐구입니다. 그것이 자발적이고 자연스러울 때 깨달음입니다. 가장 효과적인 영적 수행인 자기 탐구를 하지 않는다면, 마음을 가라앉게 하는 다른 적절한 방법은 없습니다. 다른 방법으로 마음이 가라앉았다면, 마음은 가라앉은 것처럼 보이지만 다시 일어날 것입니다. 자기 탐구는 진정한 그대 자신인 무조건적이고 절대적인 존재를 깨닫기 위한 가장 확실하고 유일하게 직접적인 방법입니다.

2. 나 망각

생각이 있는 한 나 망각이 있습니다.

자신이 실재하고 영원하며 모든 곳에 존재하는 절대자라는 사실을 망각할 때, 그리고 자신이 일시적인 몸들로 가득한 우주 안의 한 몸이라고 생각하여 착각하고 그 착각 때문에 괴로움을 겪을 때, 그대는 그에게 세상은 실재하지 않으며 환영이라고 상기시켜 주어야 합니다. 왜 그렇습니까? 자신의 나를 망각한 그의 시각은 외적인, 물질적인 우주에 머물러 있기 때문입니다. 이 모든 외적인 물질적 우주는 실재하지 않는다고 강조하지 않으면, 그는 내면을 성찰하기 위하여 안으로 향하지 않을 것입니다. 자신의 나를 깨닫게 되면, 그는 자신의 나 외에는 아무것도 존재하지 않는다는 것을 알게 될 것이며 또 온 우주를 절대자로 보게 될 것입니다. 나가 없으면 우주도 없습니다.

모든 것의 원천인 나를 보지 않고 외적 세계를 실재하며 영원한 것으로 보는 한, 그에게는 이 모든 외적 우주가 환영이라고 말해 주어야 합니다. 그렇게 말하지 않을 수 없습니다.

침묵을 벗어나게 하는 그릇된 나 망각은 헌신이 아닙니다.

생각이 일어날 때마다 그 생각에 휩쓸리지 마십시오. 나를 망각할 때 그대는 몸을 의식하게 됩니다. 하지만 그대가 나를 망각할 수 있습니까?

나인 그대가 어떻게 나를 망각할 수 있습니까?

하나의 나가 다른 나를 잊으려면 두 개의 나가 있어야 합니다. 그것은 불합리합니다. 따라서 나는 억압되어 있지도 않고 불완전하지도 않습니다. 나는 매우 행복합니다. 그와 반대되는 느낌은 단지 하나의 생각에 불과하며, 그것은 실제로는 아무런 힘이 없습니다. 생각들을 없애십시오. 나이기에 우리는 항상 깨달아 있습니다. 오직 생각들로부터 자유로워집시오.

무지는 나 망각입니다. 태양 앞에 어둠이 있을 수 있습니까? 이와 마찬가지로 자명하며 스스로 빛나는 것 앞에 무지가 있을 수 있습니까? 나를 안다면 어둠도 없고, 무지도 없고, 고통도 없을 것입니다. 생각과 망각 안에서 작용하는 불순한 마음만이 생사의 윤회인 삼사라입니다. 생각과 망각의 활동이 소멸한 진정한 '나'만이 순수한 해방입니다. 그것에는 생사의 원인인 나 망각이 없습니다.

망각에 관해 말하자면, 생각이 있는 동안에는 망각이 있을 것입니다. 처음에는 "나는 절대자다."라는 생각이 있습니다. 그 다음에 망각이 잇따라 일어납니다. 망각과 생각은 오로지 '나'라는 생각에게만 있을 뿐입니다. 그것을 단단히 붙잡으십시오. 그러면 그것은 허깨비처럼 사라질 것입니다. 그때 남아 있는 것이 진정한 '나'이며 그것이 나입니다.

신체적 몸을 나로 잘못 알아 나를 망각하고서 수많은 생을 거치는 이는 꿈 속에서 온 세상을 돌아다니는 것과 같습니다. 나를 깨닫는다는 것은 꿈 속을 헤매다 깨어나는 것과 같습니다.

즐거움과 고통은 단지 마음의 측면들입니다. 우리의 진정한 성품은 행복입니다. 하지만 우리는 나를 잊고서 몸이나 마음을 자신이라 상상합니다. 고통을 일으키는 것은 바로 이 잘못된 동일시입니다. 어떻게 해야 합니까? 이 심리적 경향성은 매우 오래 전에 시작되었고 수많은 생애 동안 계속되며 강해졌습니다. 그것이 사라져야 우리의 진정한 성품인 행복이 스스로 드러납니다.

"나가 어디에 있지? 그것이 어디에 있지?"라면서 우리는 나를 찾아 여기저기로 다닙니다. 마침내 지식의 통찰력이 밝아 오면, 우리는 "이것이 나구나, 이것이 나구나."라면서 찾기를 그만둡니다. 그 통찰력을 얻어야만 합니다. 일단 그 통찰력에 이르게 되면, 세상과 더불어 살며 활동하더라도 아무런 집착이 없을 것입니다. 일단 신발을 신으면, 길을 가

다가 아무리 많은 자갈이나 가시를 밟아도 아픔을 느끼지 않습니다. 설령 도중에 산이 있을지라도 그대는 두려움이나 걱정 없이 걷습니다. 이와 마찬가지로 지식의 통찰력을 얻은 사람들에게는 모든 것이 자연스러울 것입니다. 무엇이 자신의 나로부터 떨어져 있겠습니까?

마음이 가라앉으면, 온 세상도 가라앉습니다. 마음은 이 모든 것의 원인입니다. 마음이 가라앉으면 자연스러운 상태가 저절로 나타납니다. 나는 그 자신을 항상 '나', '나'라고 선언합니다. 그것은 스스로 빛을 발하고 있습니다. 그것은 여기에 있습니다. 이 모든 것은 그것입니다. 우리는 오직 그것 안에 있습니다. 그런데 그것 안에 있으면서 왜 그것을 찾고 있습니까? 예로부터 이런 말이 있습니다. 시각을 나 지식 안에 몰입시키는 사람은 세상을 절대자로 봅니다.

마음인 개별 영혼은 사실은 순수한 나입니다. 하지만 이 진리를 잊고서, 자신을 개별 영혼으로 상상하고 마음의 모양들에 얽매입니다. 개별 영혼이 자기 자신인 나를 찾으려 노력하는 것은 양치는 사람이 양을 찾으려는 것과 같습니다. 그러나 나를 망각한 개별 영혼은 단순히 간접적 지식만을 통해서는 나가 되지 않을 것입니다. 전생의 삶들에서 축적된 잠재된 인상들에 의해 만들어진 방해 때문에 개인은 자신이 나라는 것을 자꾸만 잊고 몸을 자신이라 여기면서 기만당합니다. 고위 관리자를 바라본다고 자신이 고위 관리자가 되겠습니까? 고위 관리자가 될 수 있는 방향으로 꾸준히 노력해야 그렇게 될 수 있지 않겠습니까? 이와 마찬가지로 몸 등을 자신이라고 여김으로써 속박되어 있는 개별 영혼은 나를 묵상하는 형태의 노력을 꾸준히 지속적으로 해야 합니다. 그래서 마음이 파괴되면, 개별 영혼은 나가 될 것입니다.

나에 대한 묵상을 꾸준히 지속하면 마음이 파괴될 것입니다. 그 뒤에는 시체를 화장하는 장작을 지피는 데 사용되는 막대기처럼 그것도 스스로 소멸될 것입니다. 이 상태를 해방이라 부릅니다.

그것은 개인의 진정한 성품에 대한 망각입니다. 이것을 베일로 가리는 힘이라 합니다. 베일은 개별적인 영혼을 완전히 숨기지는 못합니다. 그것은 단지 '나'의 나 성품을 숨기고 "나는 몸이다."라는 개념을 투사할 뿐입니다. 그러나 그 베일은 실재하고 영원하며 '나'인 나 존재를 숨기지 못합니다.

망각은 나를 결코 덮치지 못합니다. 나는 그대의 성품입니다. 나는 이제 나가 아닌 것과 뒤섞여 있습니다. 그래서 그대는 망각하고 있다고 말합니다. 나는 영원히 깨달아 있습니다.

신은 가슴에서 '나'로 빛나며 나의 성품으로 있고, 경전들은 생각 자체가 굴레라고 선언합니다. 그러므로 가장 좋은 수행은 '나'라는 생각의 모습으로 있는 마음을 어떻게 해서든지 그분 안에서 녹인 뒤, 그분, 신, 나를 잊지 않고 고요히 있는 것입니다. 이것이 경전들의 결론적인 가르침입니다.

마음이 나 망각에 사로잡혀 있는 사람들은 태어나면 죽고 죽으면 다시 태어날 것입니다. 하지만 지고의 빛나는 실재를 알아 마음이 죽은 사람들은 태어남과 죽음이 없는 고결한 실재의 상태에 머무를 것입니다. 나를 망각하고, 몸을 나로 잘못 여기고, 수많은 생을 거듭하면서 살다가 마침내 나를 알고 나로 있는 것은 마치 온 세계를 돌아다니는 꿈을 꾸다가 깨어나는 것과 같습니다.

아르주나는 말합니다.

주여! 저의 환영이 사라졌습니다. 저는 당신의 은총으로 진정한 지식을 되찾았습니다. 그 앎은 저의 기억과 바른 이해력도 회복시켜 주었습니다.

3. 무지

잘못된 지식이 무지이다.

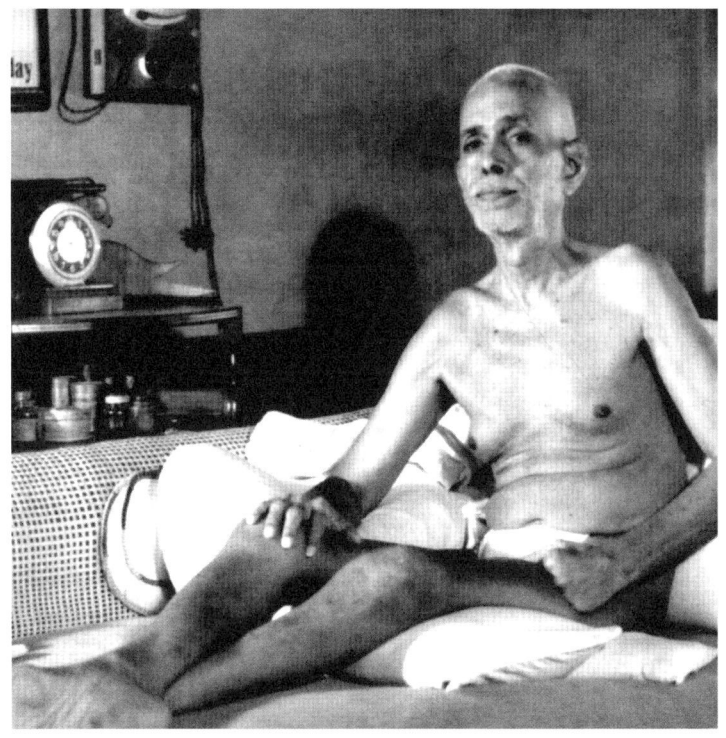

나는 도달되는 것이 아닙니다. 그대는 나입니다. 그대는 이미 그것입니다. 그대는 그대의 희열의 상태에 무지하다는 것이 사실입니다. 무지가 일어나서 순수한 희열 위에 베일을 씌웁니다. 무지를 제거하려는 쪽으로 시도가 이루어집니다. 이 무지는 오직 그릇된 지식입니다. 몸과 마음을 나로 그릇되게 여기는 것이 잘못입니다. 이 잘못된 동일시는 자기 탐구로 사라져야 합니다. 그러면 거기에 나가 있습니다.

무지는 환영, 즉 '존재하지 않는 것'입니다. 그러므로 "무엇이 무지인가?" 무지는 무지입니다. 이 질문은 주체와 객체가 있다는 것을 암시합니다. 주체가 되십시오. 그러면 객체가 없을 것입니다.

나는 그저 있음입니다. 그저 있으십시오! 그러면 무지가 끝날 것입니다. '나'는 항상 있습니다. 그것을 아는 과정은 없습니다. 그것은 얻어야 하는 새로운 지식이 아닙니다. 무지라고 불리는 것이 나 지식의 방해물입니다. 그것을 없애십시오. 하지만 무지나 지식은 나에 대한 것이 아닙니다. 무지는 허깨비와 같은 것입니다. 무지를 없앤다는 것은 무지가 실재하지 않음을 발견한다는 뜻입니다.

환영을 정복하려 애쓰지 마십시오. 그대의 진정한 상태에 있으십시오.

그러면 환영은 저절로 떠날 것입니다. 만약 환영을 정복하려고 노력한다면, 그대는 수많은 어려움에 부닥칠 것입니다.

자아를 없애십시오. 그러면 무지는 사라집니다. 자아를 찾아보십시오. 그러면 그것은 사라지고 진정한 나만이 남습니다. 무지를 고백하는 자아는 보이지 않습니다. 실제로는 무지가 없습니다. 모든 경전들은 무지의 존재를 논박하기 위한 것입니다.

자아가 없는데 어떻게 무지가 있을 수 있습니까? 탐구하기 시작하면, 본래 있지 않은 무지는 있지 않은 것으로 밝혀질 것입니다. 그러면 그대는 무지가 사라져 버렸다고 말할 것입니다.

무지는 자아에 속합니다.

왜 그대는 자아를 생각하여 고통을 겪습니까? 무지란 무엇입니까? 그것은 존재하지 않는 것입니다. 하지만 세상의 삶은 무지에 대한 가정을 요구합니다. 무지는 단지 우리의 무지이며 더 이상의 것이 아닙니다. 그것은 나에 대한 무지 혹은 망각입니다.

무지한 사람에게는 '나'란 자기를 의미합니다. 자기를 찾아보면 이 개별적인 '나'는 발견되지 않습니다. 왜냐하면 그것은 실재하지 않기 때문입니다. 그러므로 이 '나'는 환영이나 무지와 같은 말입니다. 무지가 본래 없었음을 아는 것이 모든 영적 가르침의 목표입니다. 무지는 자각하는 자에게 있음에 틀림없습니다. 자각은 지혜입니다. 지혜는 영원하며 자연스럽습니다. 무지는 부자연스러우며 실재하지 않습니다.

누가 깨닫지 못하고 있는지, 그가 무엇을 깨닫지 못하고 있는지를 찾아내십시오. 그러면 무지가 없다는 것이 분명해질 것입니다. 현재의 무지 상태는 지각 능력이 없는 몸을 의식과 동일시하는 데서 기인합니다.

무지 같은 것은 없습니다. 그것은 결코 일어나지 않습니다. 모든 사람이 지혜의 성품을 가지고 있습니다. 무지를 쫓아 버리는 것이 항상 존재하고 있는 지혜입니다.

무지는 결코 일어나지 않았습니다. 무지는 실제로 있는 것이 아닙니다. 존재하고 있는 그것은 오로지 지식입니다.

지식은 무지 없이 존재하지 않습니다. 무지는 지식 없이 존재하지 않습니다. 누구에게 지식과 무지가 있는지를 탐구하여 나를 아는 지식이 진정한 지식입니다.

모든 것을 알면서도 정작 아는 자인 자기 자신을 모른다면, 그것은 오히려 무지가 아니겠습니까? 지식과 무지의 바탕인 자기 자신을 알면, 지식과 무지는 사라집니다.

그것만이 무지도 지식도 아닌 지식입니다. 대상들에 대한 지식은 진정한 지식이 아닙니다. 나는 알아야 할 것이나 알려질 것이 없이 빛나고 있습니다. 그러므로 나만이 지식입니다. 그것은 공허한 것이 아닙니다.

지식인 나만이 실재입니다. 다양성을 아는 것은 그릇된 지식일 뿐입니다. 무지에 불과한 이 그릇된 지식도 지식—실재인 나로부터 떨어져 존재하지 않습니다. 다양한 장신구들은 실재하지 않습니다. 그것들이 본질인 금 없이 존재합니까?

무지한 사람에게는 '나'란 몸으로 한정되는 자기입니다. 현명한 사람에게는 '나'란 무한한 나입니다.

무지한 사람에게는 이 세상이 유일하며 스스로 존재하고 있는 실재입니다. 현명한 사람에게는 이 세상의 바탕인 형상이 없는 무한한 존재가 실재입니다.

4. 마야
마야와 실재는 하나이며 같은 것이다.

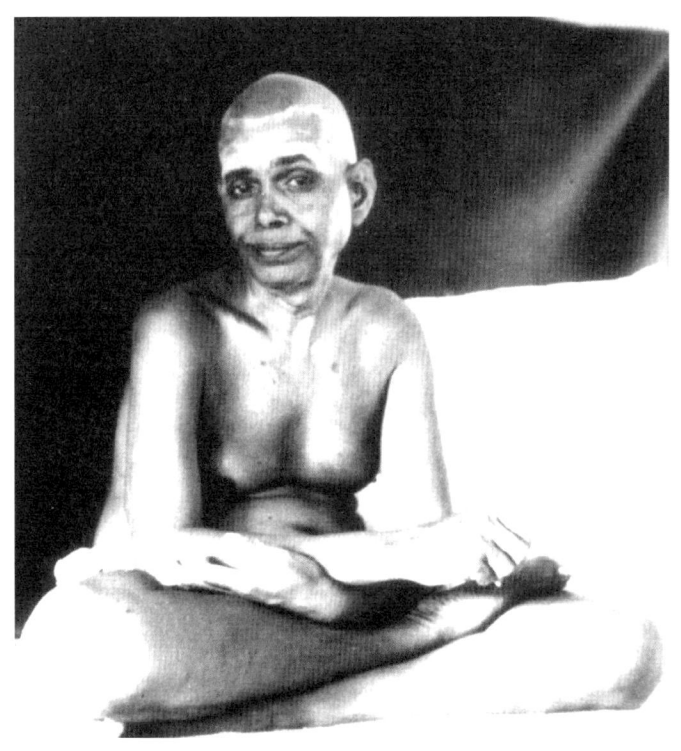

"나는 몸이다."라고 착각하는 사람은 옷, 음식 등으로 인한 심적 고통을 겪을 것입니다.

"나는 몸이다."라는 착각을 부수는 사람은 옷, 음식 등으로 고통을 겪지 않을 것입니다.

이 '나'는 환영이나 무지와 같은 말입니다. 그대는 나입니다. 사람들이 나를 부정하고 있기에 경전들은 마야, 릴라(유희) 등에 대해 말하고 있습니다. 그것들은 모두 마음이며 마야입니다.

마야란 무엇입니까?
마야는 실재인 나를 존재하지 않는 것으로 여기게 만드는 것입니다. 실재인 나는 언제 어디에나 존재하며, 두루 편재하여 있으며, 스스로 빛납니다. 그리고 결국은 항상 어디에서도 존재하지 않는 것으로 확증되는 개별 영혼, 세상, 신의 토대를 이루는 존재입니다.

마야와 실재는 하나이며 같습니다. 비록 마야는 거짓의 모습을 가지고 있지만, 그것은 거짓이 아니라 실재의 활동적인 측면입니다. 마야는 의식 안에서 형상을 만드는 자입니다. 형상은 다양성을 의미합니다. 이것이 환영을 일으킵니다. 조심해서 보십시오. 이 모든 다양성은 의식 안에 있지 다른 곳에 있지 않습니다. 그것은 마음 안에만 있습니다. 개별 영혼은 다른 개인을 보면서 그가 자신과 같다는 것을 잊어버리고, 그가 자기로부터 분리되어 있다고 생각합니다. 하지만 그가 형상으로서의 성품이 아니라 의식으로서의 자기 성품으로 주의를 돌리는 순간, 마치 잠에서 깨어날 때 꿈이 끝나듯이 다양성이나 분리의 환영은 끝이 납니다.

어떤 사람들은 샹카라를 제대로 이해하지 못하고 마야에 대한 그의 견해를 비난합니다. 그는 말합니다. (1) 절대자는 실재한다. (2) 우주는 실재하지 않는다. (3) 절대자는 우주이다. 그는 두 번째에서 멈추지 않습니다. 왜냐하면 세 번째 문장은 다른 두 문장을 설명하기 때문입니다. 그것은 우주가 나로 지각되면 실재하지만, 나와 별개로 지각되면 실재하지 않는다는 의미입니다. 그러므로 마야와 실재는 하나이며 같은 것입니다.

영적인 구도자의 수준에 따라 세상은 환영이라고 말해 주어야 할 때도 있습니다. 다른 방법이 없습니다. 어떤 사람이 자신은 실재하며 영원하며 편재하는 절대자라는 사실을 잊고서, 일시적인 몸들로 가득 차 있는 우주 안에 있는 하나의 몸을 자기 자신이라고 착각하며 미혹에 빠져 괴로워할 때, 그에게는 세상이 실재하지 않으며 환영이라고 말해 주어야 합니다.

그대가 진리만을 추구하고 있다면, 세상을 비실재라고 받아들이는 수밖에 없습니다.

세상이 실재한다는 생각을 포기하지 않는다면 마음은 항상 세상 뒤를 따라다닐 것입니다. 겉모습을 실재라고 여긴다면, 비록 실재만이 존재할지라도, 그대는 결코 실재를 알지 못할 것입니다.

어떤 다른 행위로도 파괴될 수 없는 미혹이요 무지인 마야는 침묵이라 불리는 강력한 활동에 의해서만 완전히 파괴될 수 있습니다.

5. 몸

몸은 지각 능력이 없다.

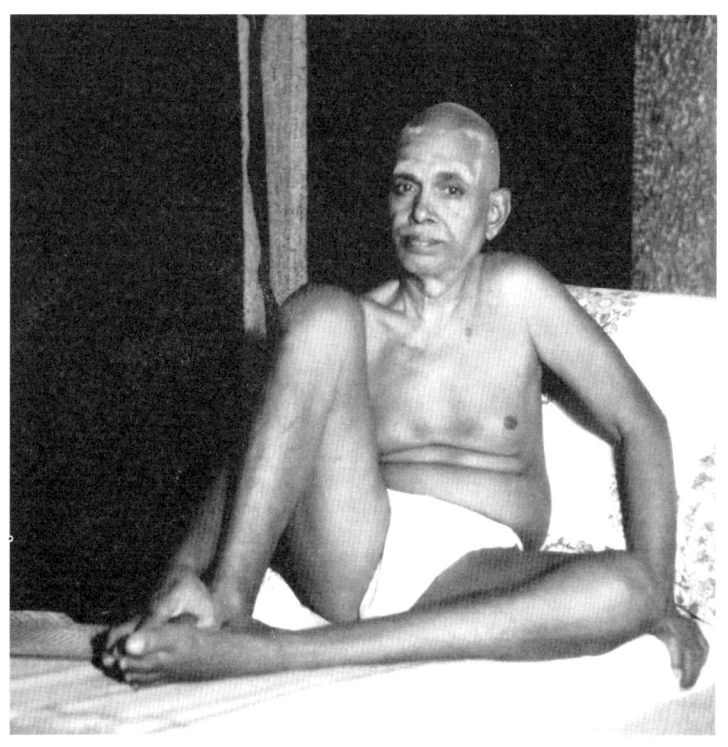

몸, 마음, 자아가 함께 인간 존재를 이룹니다. 몸과 마음은 신성한 나의 표현이라는 점을 깨달아야 합니다.

이번 생애의 유익한 목적은 내면으로 향하여 나를 깨닫는 것뿐입니다. 다른 할 일은 없습니다.

그대가 누구인지를 찾아내십시오. 그대는 희열입니다. 자신을 몸과 동일시하므로 고통이 있습니다.

기능하는 자의 필요에 부응하여 몸의 기능들이 마음 속에서 생겨납니다. 몸은 지각 능력이 없으므로 지각 능력이 있는 기능하는 자가 필요합니다. 사람들이 자신을 개인이라 생각하기 때문에, 크리슈나는 신이 개인들의 기능하는 자로서 가슴에 머물고 있다고 말했습니다. 사실은 개인들도 없고, 그들의 바깥에 다른 기능하는 자도 없습니다. 나가 모든 것을 포함하고 있습니다.

몸은 '나'가 아닙니다. 몸은 우리 자신의 존재 없이는 존재할 수 없습니다. 왜 우리는 몸을 나와 다른 것으로 보아야 합니까?

자신을 몸과 동일시할 때 형상들과 형태들이 있습니다. 하지만 몸을 초월할 때 몸 의식과 더불어 모든 것들이 사라집니다.

'나'라는 생각은, 감지되지는 않지만 몸과 함께 일어나서 활동하다가 몸과 함께 사라지는 정신과 같습니다. 몸 의식은 그릇된 '나'입니다. 몸 의식을 포기하십시오. '나'의 근원을 찾음으로써 그렇게 할 수 있습니다. 몸은 "나는 존재한다."라고 말하지 않습니다. "나는 몸이다."라고 말하는 것은 그대입니다. 이 '나'가 누구인지 찾아내십시오. 그것의 근원을 찾으면 그것은 사라질 것입니다.

몸과 몸 의식은 함께 일어나며 함께 가라앉습니다. 이것은 깊은 잠에서는 한계가 없지만 깨어 있는 상태에서는 한계가 있다고 말하는 것과 같습니다. 이 한계들은 구속입니다. "몸이 나다."라는 느낌은 잘못입니다. 이 그릇된 '나'라는 생각은 사라져야 합니다. 진정한 '나'는 항상 거기에 있습니다. 그것은 지금 여기에 있습니다. 그것은 결코 새롭게 나타나지 않으며 다시 사라지지도 않습니다. 존재하는 것은 영원히 지속되어야 합니다. 새롭게 나타나는 것은 또한 없어질 것입니다. 깊은 수면과 깨어 있는 상태를 비교해 보십시오. 몸은 한 상태에서는 나타나지만 다른 상태에서는 나타나지 않습니다. 그러므로 몸은 없어질 것입니다. 의식은 이미 존재하고 있었으며, 몸이 없어져도 남아 있을 것입니다.

지각 능력이 없고, 죽어 있으며, 생명력이 없는 몸에서 마음이라 불리는 '나'라는 것이 생겨납니다. 마음과 자아는 하나이며 같다는 것을 알아야 합니다.

몸은 나의 자연스런 조망에서는 존재하지 않으며, 환영의 힘으로 미혹된 마음의 외적 조망에서만 존재하므로, 나를 의식의 공간 혹은 몸의 소유자라 부르는 것은 잘못입니다. 자신을 먼저 본 다음에 온 세상을 나로 봅니다. 자신을 몸이라 여긴다면, 세상은 외적인 것으로 나타납니다. 그대가 나라면 세상은 절대자로 나타납니다. 세상은 몸 없이는 존재하지 않으며, 몸은 마음 없이는 결코 존재하지 않으며, 마음은 의식이 없이는 결코 존재하지 않으며, 의식은 실재 없이는 결코 존재하지 않습니다.

"나는 몸이다."라는 생각은 계속해서 일어나는 모든 그릇된 동일시의 일차적 근원입니다. 그 생각의 소멸이 자기 탐구의 주된 목표입니다.

지각 능력이 없는 이 몸은 '나'라고 말하지 않습니다. 실재−의식은 결코 나타나지 않습니다. 이 둘 사이에 그리고 몸의 한계에 한정되어, 무엇인가가 '나'로 나타납니다. 의식 그리고 물질, 굴레, 영혼, 미묘한 몸, 자아, 삼사라, 마음 등의 사이를 묶는 매듭이라고 알려진 것은 이것을 두고 하는 말입니다.

그것은 하나의 형태를 붙들어 존재하게 되며, 하나의 형태를 붙들고 있는 동안 지속됩니다. 하나의 형태를 붙들어 자신을 먹이고 크게 자랍니다. 하나의 형태를 포기하면 다른 형태를 취합니다. 찾으려 하면 달아납니다. 이 악한 마음인 자아는 자체의 형태를 갖고 있지 않습니다.

자아가 있으면, 다른 모든 것들도 있습니다. 자아가 없으면, 다른 것이 아무것도 없습니다. 사실, 자아가 전부입니다. 그러므로 이 자아가 무엇인지를 탐구하는 것만이 모든 것을 포기하는 것입니다.

몸은 흙으로 빚은 항아리처럼 자력으로 움직이지 못합니다. 몸은 나-의식을 가지지 않으며, 깊은 잠에 들어 몸이 없을 때 우리는 자신의 자연스런 존재를 경험합니다. 따라서 몸은 '나'일 수 없습니다. 그렇다면 '나'라는 생각을 일으키는 것은 누구입니까? 그는 어디에 있습니까? 이렇게 탐구하여 나를 알고 나로 머무는 이들의 가슴 동굴에서 아루나찰라 쉬바가 "그것이 나다."라는 의식으로 빛나고 있습니다.

"나는 하찮은 몸이다."라는 개념을 던져 버리십시오. 영원한 희열의 나를 곰곰이 생각하여 나를 깨달으십시오.

"나는 몸이다."라는 개념을 받아들이면, 많은 자기들이 있게 됩니다. 자신이 몸이라는 개념이 사라진 상태는 나입니다. 그 상태에서는 다른 대상들이 없기 때문입니다. 이런 이유로 나만이 유일한 것으로 간주됩니다. 갸니는 나 말고는 아무것도 존재하지 않는다는 것을 압니다. 그러므로 몸이 있든 없든 갸니에게 무슨 차이가 나겠습니까?

몸과의 잘못된 동일시가 "나는 몸이다."라는 개념입니다. 이 개념이 사라져야 좋은 결과들이 뒤따릅니다.

탄생과 죽음은 몸에 있습니다. 그대는 나를 몸과 동일시하고 있습니다. 그것은 잘못된 동일시입니다. 그대는 몸이 태어났으며 죽을 것이라 믿고 있고, 나 아닌 몸에 관련된 현상을 나라고 혼동하고 있습니다. 나를 아십시오. 의심으로 혼란에 빠지지 마십시오.

그대는 자신을 몸이라 생각합니다. 그러므로 육체의 탄생과 죽음을 자신의 탄생과 죽음으로 혼동합니다. 하지만 그대는 몸이 아닙니다. 그대에게는 탄생도 죽음도 없습니다.

자아는 생각의 근원입니다. 자아가 몸과 세상을 만듭니다.

몸은 다섯 겹으로 된 덮개로 이루어진 형태입니다. 그러므로 몸이라는 용어 안에는 다섯 겹 덮개가 모두 포함됩니다. 세상이 몸과 별개로 존재합니까? 몸 없이 세상을 본 사람이 있습니까?

세상은 다섯 가지 감각 기관들로 지각되는 대상들로 이루어진 것에 지나지 않습니다. 하나의 마음이 이 다섯 가지 감각 기관들을 통하여 세상을 지각합니다. 그러므로 세상은 마음에 불과합니다. 마음과 별개로 세상이 존재합니까?

그대가 잠에서 깨어날 때 세상이 나타납니다. 그러므로 세상이 어디에 있습니까? 분명히 세상은 그대의 생각입니다. 생각은 그대의 투사입니다. '나'라는 생각이 먼저 만들어지고, 그 다음에 세상이 만들어집니다. 세상은 '나'라는 생각에 의해 만들어지고, '나'라는 생각은 나에서 일어납니다. 만약 그대가 '나'라는 생각의 창조를 해결한다면, 세상 창조의 수수께끼도 이렇게 풀릴 것입니다. 그러므로 나는 말합니다. 그대의 나를 찾으십시오.

자신을 몸이라 여기면, 세상은 외부에 있는 것으로 보입니다. 자신이 나라면, 세상은 절대자로 보입니다.

세상에 대한 지식은 세상을 아는 자에 대한 지식입니다. 잠잘 때는 이 둘이 모두 사라집니다.

세상과 세상에 관한 지식은 함께 일어나고 함께 사라지지만, 세상이 분명하게 보이는 것은 오로지 지식에 의해서입니다. 그 완전함 안에서 세상과 세상에 대한 지식이 일어나고 사라지며, 일어남과 사라짐 없이 빛나고 있는 그 완전함이 실재입니다.

6. 자기 탐구
자기 자신을 알기

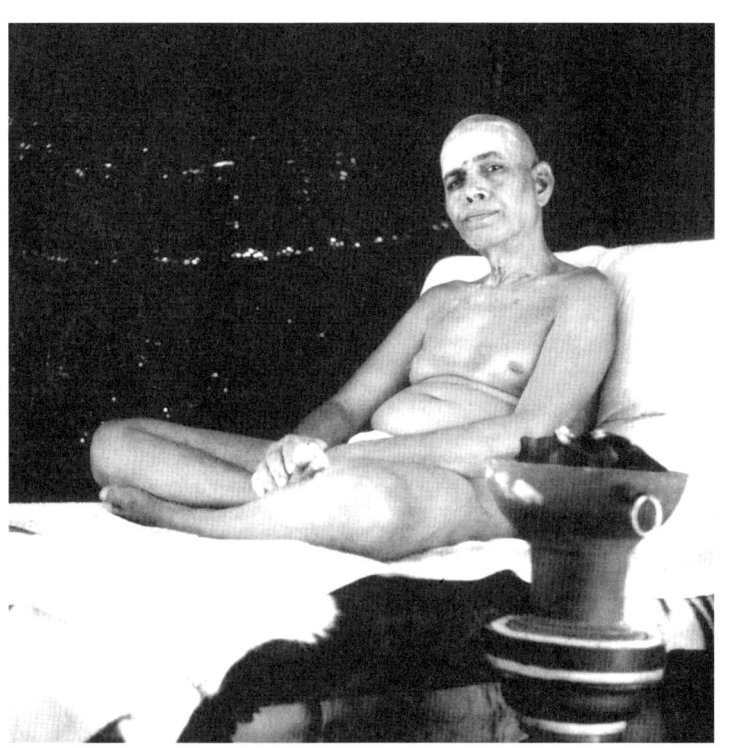

자기 탐구는 진정한 그대 자신인 무조건적이고 절대적인 존재를 깨닫기 위한 가장 확실하고 직접적인 방법입니다.

자기 탐구는 찾는 것이 아닙니다. 언제나 존재하고 있고, 지금도 존재하고 있으며, 우리 자신인 것을 우리가 어떻게 찾을 수 있겠습니까?

자기 탐구만이 자아도 마음도 실제로는 존재하지 않는다는 진실을 드러낼 수 있으며, 나 혹은 절대자의 나뉘지 않은 순수 존재를 깨닫게 할 수 있습니다.

자기 탐구는 직접적인 길이며, 다른 모든 방법들은 간접적인 길입니다. 자기 탐구는 나에게로 안내하며, 다른 방법은 다른 곳으로 안내한다. 왜 시간을 낭비합니까?

자기 탐구가 아닌 다른 영적 수행으로 자아 혹은 마음을 없애려는 노력은 도둑이 경찰로 변장해 자기 자신인 도둑을 잡으려는 것과 같습니다. 모든 것의 근원은 나입니다. 자기 탐구를 통하여 마음이 나에 녹아들어 하나 되게 하십시오.

자기 탐구는 결코 공허한 방법이 아닙니다. 그것은 만트라를 반복하는 것 이상입니다. "나는 누구인가?"라는 탐구가 단순히 마음으로 묻는 것에 그친다면, 그것은 대단한 가치가 없을 것이다.

자기 탐구의 진정한 목적은 마음 전체를 마음의 근원에 집중시키는 것입니다. 따라서 그것은 하나의 '나'가 다른 '나'를 찾는 것이 아닙니다. 자기 탐구는 공허한 방법이 아닙니다. 왜냐하면 그것은 마음 전체를 순수한 나 자각에 안정되게 유지하려는 마음의 강한 활동이기 때문입니다.

호흡과 말을 통제하고 마음을 하나로 집중하여 내면으로 깊이 들어가 '나'가 일어나는 근원에 도달하여야 합니다. 이와 같이 내면으로 깊이 들어가는 것이 자기 탐구입니다. 마음을 나에 항상 고정시키는 것이 자기 탐구입니다.

'나'라는 일인칭이 존재한 다음에, '너'라는 이인칭과 '그'라는 삼인칭이 존재할 것입니다. 자신의 자연스러운 상태이며 절대 존재인 그것 안에서, 탐구에 의해 '나'가 그 성품 안으로 사라지고, 더불어 '너'와 '그'도 그 성품 안으로 사라집니다.

몸은 '나'라고 말하지 않습니다. 깊은 수면에서조차 '나'가 없다고 말할 사람은 아무도 없을 것입니다. '나'가 나타나면 다른 모든 것들이 잇따라 나타납니다. 예리한 마음으로 '나'가 어디서 일어나는지 탐구하십시오.

'나'라는 단어를 입 밖으로 내지 않고, '나'가 어디에서 일어나는지를 알기 위하여 마음을 내면으로 향하여 탐구하는 것이 나 지식으로 나아가게 하는 탐구입니다. 이렇게 하는 대신에 "이것은 나가 아니다. 그것이 나다."라는 묵상은 도움이 될 수 있지만 그 자체로 탐구일 수 있겠습니까?

진정한 자기 탐구는 그대가 그대의 자기에 매달릴 때 그리고 생각의 물결인 심적 움직임에서 벗어날 때 시작됩니다. 자기 탐구는 마음을 나 속에 두는 것입니다.

자기 탐구를 통하여 가슴에 이르면, '나-나'라는 영속하는 나 자각이 자신을 완전한 존재로서 드러냅니다. 거기서 '나'가 가라앉고 사라집니다.

'나' 없음인 나 자각의 존재는 나 탐구를 통하여 자아를 소멸시킴으로서 깨달아지는 자신의 진정한 상태입니다.

자기를 탐구하는 것은 존재의 탐구 혹은 부단한 자각입니다.

나 절대자의 본연의 묘사할 수 없는 희열로 있는 완전한 존재의 상태를 깨달은 이에게는 이루어야 할 것이 더 이상 없습니다.

자기 탐구는 내적 탐색입니다.

마음을 붙잡고 그것을 조사하는 것은 초보자에게 권할 만합니다. 하지만 결국 마음이란 무엇입니까? 그것은 나의 투영입니다. 마음이 누구에게 나타나고 어디에서 일어나는지를 보십시오. '나'라는 생각이 근본 원인임이 밝혀질 것입니다. 더욱 깊이 들어가십시오. '나'라는 생각이 사라집니다. 거기에는 무한히 확장된 '나'−의식이 있습니다.

7. 나 생각

'나' 생각이 뿌리이다.

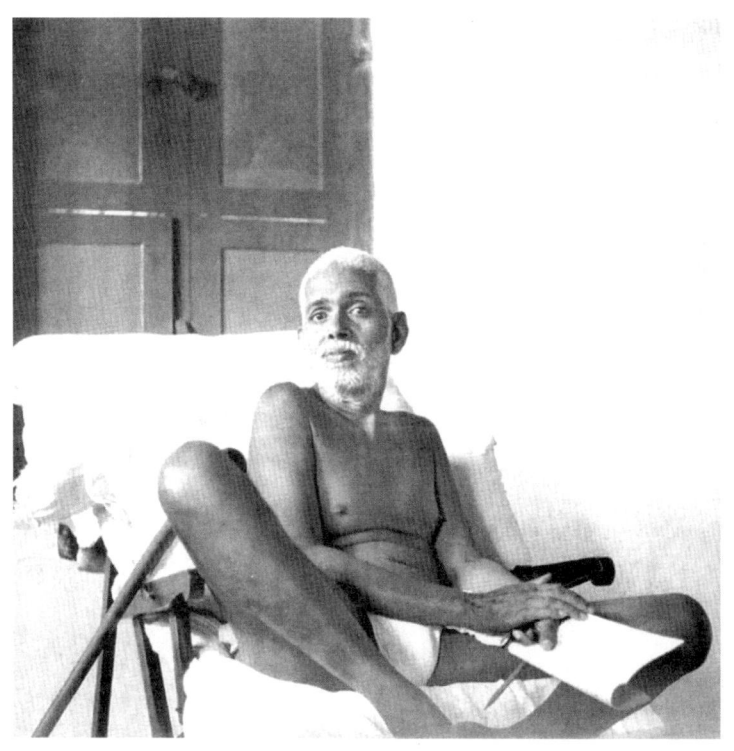

마음은 '나'라고 하는 생각에 지나지 않습니다. 마음과 자아는 하나이며 같습니다. 개인이란 이 영혼 혹은 자아에 지나지 않습니다.

모든 생각들 중에서 '나'라는 생각이 뿌리입니다. 따라서 마음은 오로지 '나'라는 생각입니다.

마음은 단지 다수의 생각들입니다. 이 모든 생각들 중에서 '나'라는 생각, "나는 몸이다."라는 생각이 뿌리입니다. 따라서 마음이라는 것은 이 뿌리 생각인 '나'입니다.

그대는 마음입니다. 혹은 그대는 자신이 마음이라고 생각합니다. 마음은 생각들에 지나지 않습니다. 모든 특정한 생각의 이면에는 그대 자신인 '나'라는 일반적인 생각이 있습니다. 이 '나' 생각을 첫 번째 생각이라고 합시다. 이 '나'라는 생각을 붙들고, 그것이 무엇인지 찾아내기 위하여 그것에게 질문하십시오. 이 탐구를 단단히 붙잡고 있을 경우, 다른 생각들을 할 수 없습니다.

"'나'의 순수한 자리가 무엇인가?" 하면서 내면을 면밀히 조사할 때, '나'는 죽을 것입니다. 이것이 자기 탐구입니다.

가치의 순서에 따라 생각들을 정렬하면, '나'라는 생각이 가장 중요한 생각입니다. 개별성이라는 개념 혹은 생각도 다른 모든 생각들의 뿌리 혹은 줄기입니다. 왜냐하면 각 개념이나 생각은 누군가의 생각으로 일어나며 자아와 따로 떨어져 존재하지 않기 때문입니다. 따라서 자아는 생각 활동을 밖으로 나타냅니다. 2인칭인 너와 3인칭인 그, 그것 등은 1인칭인 나 없이는 나타나지 않습니다. 그러므로 그것들은 1인칭이 나타난 뒤에 일어나며, 따라서 세 가지 인칭 모두가 함께 일어나고 가라앉는 것처럼 보입니다. 그러니 '나' 혹은 개별성의 근본 원인을 추적하십시오.

어디서 이 '나'가 일어납니까? 그것을 내면에서 찾으십시오. 그러면 그것은 사라집니다. 이것이 바로 지혜의 추구입니다. 마음이 끊임없이 자신의 성품을 조사하면, 마음이라는 것이 없다는 것이 밝혀집니다. 따라서 마음이란 '나'라는 생각에 불과합니다.

이 '나'라는 것은 자아 혹은 '나'라는 생각입니다. 이 '나'라는 생각이 일어난 후에 다른 생각들이 일어납니다. 따라서 '나'라는 생각은 뿌리 생각입니다. 뿌리가 뽑히면 다른 모든 것들도 동시에 뽑힙니다. 그러므로 '나'라는 뿌리를 찾으십시오. "나는 누구인가?"라고 스스로 물으십시오. 그것의 근원을 찾아내십시오. 그러면 다른 모든 생각들이 사라지고 순수한 나가 남을 것입니다.

'나'라는 생각이 일어난 후, '나'를 몸, 감각, 마음 등과 그릇 동일시합니다. '나'를 그것들과 그릇되게 연관시키므로 진정한 '나'가 보이지 않습니다. 오염된 '나'로부터 순수한 '나'를 가려내기 위하여, 버리라고 말합니다. 하지만 그 말은 자기 아닌 것을 버리라는 말이 아닙니다. 그것은 진정한 나를 발견하라는 뜻입니다.

이 '나'라고 하는 생각은 순수하지 않습니다. 그대는 그대 자신을 '나'라는 생각인 그릇된 '나'와 동일시하고 있습니다. 이 '나'라는 생각은 일어나고 가라앉습니다. 반면에 진정한 의미의 '나'는 그 둘 너머에 있습니다. 누구에게 문제가 있는지 알아내십시오. 그것은 '나'라는 생각에 있습니다. 그것을 붙드십시오. 그러면 다른 생각들이 사라집니다.

'나'라는 생각의 탄생은 자기 자신의 탄생이며, 그것의 죽음은 개인의 죽음입니다. '나'라는 생각을 없애십시오. '나'라는 것이 살아 있는 한 슬픔이 있으며, '나'라는 것이 존재하기를 그치면 슬픔은 없습니다.

순수한 '나'와 '나'라는 생각을 구분해야 합니다. '나'라는 생각은 단순히 하나의 생각일 뿐이며, 주체와 객체를 보며, 잠을 자고 깨어나며, 먹고 생각하며, 죽고 다시 태어납니다. 하지만 순수한 '나'는 순수한 존재, 영원한 존재이며, 무지와 생각 및 환영으로부터 자유롭습니다. 생각이 없이 그대의 존재인 '나'로 머무른다면, '나'라는 생각은 사라질 것입니다. 미혹은 영원히 사라질 것입니다.

진정한 나는 무한한 '나'입니다. 그 '나'는 완벽합니다. 그것은 영원합니다. 그것은 시작과 끝이 없습니다. 다른 '나'는 태어나고 죽습니다. 그것은 영원하지 않습니다. 변화하는 생각들이 누구에게 속하는지 보십시오. 그 생각들은 '나'라는 생각이 일어난 후에 발견될 것입니다. 이 '나'라는 생각을 붙들면 다른 생각들이 사라집니다. '나'라는 생각의 근원으로 되돌아가십시오. 나만이 남을 것입니다.

'나'(마음 혹은 자아)가 사라지는 곳에, 어떤 것(존재-의식)이 자연스럽게 '나-나'(혹은 "나는 나이다.")로 나타납니다. 그것 자체는 전체입니다.

그것('나-나'), 전체는 항상 '나'라는 단어의 의미를 지니고 있습니다. 우리는 '나'(생각인 '나', 마음) 없는 잠 속에서도 존재하고 있기 때문입니다.

자신의 성품이 무엇인지 안다면, 시작도 끝도 없는 연속적인 존재-의식-희열만이 남아 빛날 것입니다.

8. 자아

자아는 '나' 생각이다.

* 무엇이 자아인가?

자아는 '나'라는 생각입니다.

자아-자기는 결코 존재하지 않고 있습니다.

마음과 자아는 하나이며 같습니다.

어디서부터 이 '나'가 일어납니까? 안에서 그것을 찾으십시오. 그러면 그것은 사라집니다. 이것이 지혜의 추구입니다.

'나'라는 생각이 제일 먼저 일어납니다. 그것이 가슴에서 일어난다는 것을 알게 될 것입니다. 그곳이 마음이 유래하는 자리입니다. 끊임없이 '나', '나'를 생각하여도 그 장소로 안내될 것입니다. 마음 속에 일어나는 모든 생각들 중에서 '나'라는 생각이 제일 먼저 일어납니다. 이 '나'라는 생각이 일어난 후 다른 생각들이 일어납니다.

* 무엇이 자아인가?

오고 가는 것, 일어나고 가라앉는 것, 태어나고 죽는 것이 바로 자아입니다. 항상 머물고 있으며, 변화하지 않고, 속성들이 없는 것이 나입니다. 자아를 소멸시키고 나가 되는 것이 궁극에 이르는 최고의 방법입니다.

지각 능력이 없는 이 몸은 '나'라고 말하지 않습니다. 실재-의식은 결코 나타나지 않습니다. 이 둘 사이에 그리고 몸의 한계에 한정되어, 무엇인가가 '나'로 나타납니다. 의식과 물질, 굴레, 영혼, 미묘한 몸, 자아, 삼사라, 마음 등의 사이를 묶는 매듭이라고 알려진 것은 이것입니다.

자아는 하나의 형태를 붙들어 존재하게 되며, 하나의 형태를 붙들고 있는 동안 지속됩니다. 하나의 형태를 붙들어 자신을 먹이고 크게 자랍니다. 하나의 형태를 포기하면 다른 형태를 취합니다. 찾으려 하면 달아납니다. 유령인 자아는 자체의 형태를 갖고 있지 않습니다.

자아-자기는 나타났다가 사라지는 일시적인 존재인 반면에, 진정한 나는 영원합니다. 그대는 진정한 나이지만 진정한 나를 자아와 그릇되게 동일시하고 있습니다. 누구에게 고통이 있습니까? 고통은 상상에서 옵니다. 고통과 쾌락은 자아에게만 있습니다. 자아인 그대의 무지를 없애 십시오. 자아는 불완전하며 무지합니다. 무지한 자의 '나'는 신체에 한

정된 나이지만, 지혜로운 자의 '나'는 무한한 나입니다.

자아가 있으면, 다른 모든 것들도 있습니다. 자아가 없으면, 다른 모든 것들이 없습니다. 참으로 자아는 모든 것입니다. 따라서 이 자아가 무엇인지를 탐구하는 것은 다른 모든 것들을 포기하는 것입니다.

모든 생각들은 실재하지 않는 '나', 즉 '나'라는 생각으로부터 일어납니다. 자아는 몸도 아니며 진정한 나도 아닙니다. 생각의 뿌리는 자아입니다. 개별적인 영혼은 이 영혼—자아일 뿐입니다. '나' 생각인 그대 자신에게 매달리십시오. 자신의 주의를 '나'라는 생각에만 둘 때 다른 생각들은 자동적으로 거절되어 사라질 것입니다.

몸에 속할 수는 없지만 다른 모든 것들을 일어나게 하는 '나'의 근원을 내면에서 찾아내십시오.

생각들이 누구의 것인지 보십시오. 생각들은 사라질 것입니다. 생각들은 '나'라는 유일한 생각에 뿌리를 두고 있습니다. '나'라는 생각을 붙드십시오. 그러면 생각들이 사라질 것입니다. '나'라는 생각의 근원을 찾으십시오. '나'라는 생각은 능력이 없지만 몸과 더불어 일어났다가 사라지는 유령과 같습니다. 몸 의식은 그릇된 '나'입니다. 몸 의식을 포기하십시오. '나'의 근원을 찾으면 몸 의식이 포기됩니다. 몸은 "나는 존재한다."고 말하지 않습니다. 그대가 "나는 몸이다."고 말합니다. 이 '나'가 누구인지 찾아내십시오. 그것의 근원을 찾으면 그것은 사라질 것입니다.

'나'라는 생각이 일어나는 근원으로 뛰어들면 자아의 현상적 존재가 초월됩니다.

자아는 사실 유령과 같아서, 자신의 형태는 없지만 그것이 붙들고 있는 형태에 의지하여 살아갑니다. 그것을 찾으면 도망갑니다.

자아의 일어남과 더불어 다른 모든 것들이 일어나고, 자아의 사라짐과 더불어 다른 모든 것들도 사라집니다. 그러므로 자기 탐구를 통하여 자아를 소멸시키는 것이 진정한 포기입니다.

자아를 소멸시키기 위하여, 먼저 자아를 붙들고서 어떻게 하면 그것이 소멸될 수 있는지 물어보십시오. 누가 그 질문을 합니까? 그것은 자아입니다. 이런 질문은 자아를 간직하기 위한 방법이지 자아를 소멸시키기 위한 방법이 아닙니다. 자아를 찾으면 자아는 존재하지 않는다는 것을 알게 될 것입니다. 그것이 자아를 없애는 방법입니다.

나는 자아의 근원을 탐구함으로 그리고 가슴으로 뛰어듦으로 이르게 됩니다.

자아는 나 아닌 의식의 몸과 절대적 나인 의식의 실재 사이에 있는 미세한 연결입니다.

자아가 죽을 때 남는 것이 나입니다. 나는 절대적 의식임을 아십시오.

나 자각인 절대적 의식은 자아를 소멸시키고 자유를 가져다줍니다.

영속하는 '나-나'는 무한한 바다입니다. 자아, 나라는 생각은 단지 바다 위의 거품과 같은 것입니다. 이를 개별 영혼이라고도 합니다. 거품이 터지면 바다와 하나 되기 때문에 거품 역시 물입니다. 거품으로 있을 때도 그것은 여전히 바다의 일부분입니다.

자기를 자아로 보면 우리는 자아가 되고, 자기를 마음으로 보면 우리는 마음이 되며, 자기를 몸으로 보면 우리는 몸이 됩니다. 여러 방법으로 덮개들을 만드는 것은 생각입니다. 물 위의 그림자는 흔들거리는 것처럼 보입니다. 흔들거리는 그림자를 누가 멈추게 할 수 있습니까? 흔들거리는 것을 멈추게 하려면, 물이 아닌 빛에 주목해야 합니다. 이와 마찬가지로 자아와 그것의 활동에 주의를 주는 대신에, 그 이면에 있는 빛만을 보십시오. 자아는 '나'라는 생각입니다. 진정한 '나'는 나입니다.

9. 마음

마음은 생각들에 지나지 않는다.

마음으로 마음을 찾을 수는 없습니다. 마음이 존재하지 않음을 알기 위하여 마음을 넘어서십시오.

마음과 나 간에는 차이가 없습니다. 내면으로 향한 마음이 나입니다. 외부로 향하면 마음은 자아가 되고 온 세상이 됩니다.

마음은 나로부터 떨어져 존재하지 않습니다. 마음은 독립된 존재를 가지고 있지 않습니다. 나는 마음 없이 존재하나, 마음은 나 없이는 결코 존재하지 못합니다.

마음은 만질 수 없습니다. 사실 마음은 존재하지 않습니다. 마음을 통제하는 가장 확실한 방법은 그것을 찾는 것입니다. 그러면 그것의 활동은 멈춥니다.

몸에서 '나'로 일어나는 것이 마음입니다. 몸의 어디에서 '나'라는 생각이 일어나는지 탐구하면, '나'라는 생각이 가슴에서 일어난다는 것을 알게 됩니다. 가슴은 마음의 자리이자 마음의 근원입니다. 끊임없이 '나-나'를 생각하기만 해도 그 자리로 안내될 것입니다.

마음은 바깥에 있는 것들을 생각하는 한 존재할 것입니다. 바깥에 있는 것들로부터 마음을 거두어들여 마음이나 '나'를 생각하게 하면, 즉 마음을 안으로 향하게 하면, 마음은 존재하기를 멈춥니다.

마음이 내면으로, 빛의 근원으로 향하게 되면, 대상적인 지식은 멈추고 나만이 가슴으로 빛납니다.

마음이 내면으로 향하게 되면, 마음은 스스로 빛나는 빛의 근원으로 몰입되어 한낮의 달처럼 희미해집니다.

마음은 자기를 죽일 수 없습니다. 그러므로 그대의 일은 마음의 진정한 성품을 찾는 것입니다. 그러면 마음이 없다는 것을 알게 될 것입니다. 나가 찾아지면 마음은 어디에도 없습니다. 나에 머물고 있는 사람은 마음에 대해 걱정할 필요가 없습니다.

마음은 결국 무엇입니까? 그것은 나의 그림자입니다. 그것이 누구에게 나타나고 어디서 일어나는지 보십시오. '나'라는 생각이 근본 원인임이 드러날 것입니다. 더욱 깊이 들어가십시오. '나'라는 생각은 사라지며 무한히 확장된 '나'의식이 거기에 있을 것입니다.

그대는 마음입니다. 혹은 자신이 마음이라고 생각합니다. 마음은 다름 아닌 생각들입니다. 모든 특정한 생각의 이면에는 그대 자신인 '나'라는 생각이 있습니다. 그것을 첫 번째 생각인 '나'라고 합시다. 이 '나'라는 생각을 붙들고, 그것이 무엇인지 알기 위하여 그것에게 질문하십시오. 이 질문이 아주 강하게 그대를 붙들면, 그대는 다른 생각을 할 수 없습니다. 마음은 단지 생각들입니다. 모든 생각들 중에서 '나'라는 생각이 근원입니다. 그러므로 마음은 단지 '나'라는 생각일 뿐입니다.

자아와 마음은 같습니다. 자아는 다른 모든 생각들이 일어나는 근원의 생각입니다. 내면으로 뛰어드십시오. 마음의 본질에 대하여 꾸준히 지속적으로 탐구하십시오. 그러면 마음은 '나'가 가리키는 그것으로 변형되는데, 그것이 사실 나입니다. '나'라는 단어를 입 밖으로 내지 않고, 마음을 내면으로 돌려 '나'가 어디서 일어나는지를 탐구하는 것만이 나-지식으로 나아가게 하는 탐구입니다.

물 속에 빠뜨린 것을 찾기 위하여 물 속으로 뛰어들듯이, 말과 호흡을 제어하면서 예리한 일념의 마음으로 자신 속으로 뛰어들어, '나'가 일어나는 곳을 찾아야 합니다.

자신의 마음 안에서 "나는 누구인가?"를 질문함으로써 가슴에 이를 때, 개별적인 '나'는 기력을 잃고 가라앉으며, 그 즉시 실재는 스스로 자연스럽게 그 자신을 '나-나'로 드러냅니다. 실재가 스스로를 이와 같이 드러내지만, 그것은 자아인 '나'가 아닙니다. 그것은 완벽한 존재, 절대적인 나입니다.

마음은 의식 위를 지나가는 생각들의 흐름일 뿐입니다. 이 모든 생각들 중에서 첫 번째 생각은 "나는 몸이다."라는 생각입니다. 이것은 그릇된 생각이지만 참된 것이라 여겨지므로 다른 모든 생각들이 일어납니다. 마음은 모든 생각들을 일어나게 합니다. 생각들과 별개로 있는 마음은 없습니다. 따라서 생각은 마음입니다.

마음은 생각들의 집합입니다. 생각은 자아를 위해서만 존재할 수 있습니다. 그러므로 모든 생각들은 자아로 가득 차 있습니다. '나'가 어디서 일어나는지 보십시오. 그러면 다른 생각들이 사라질 것입니다.

마음은 자아로부터 태어납니다. 자아는 나로부터 일어납니다. 자아의 근원을 찾으십시오. 그러면 나가 나타납니다. 마음과 나 간에는 아무런 차이가 없습니다. 마음은 나와 별개로 존재하지 않습니다. 마음은 독립된 존재가 아닙니다.

완벽한 순수와 절대적 지식이 있는 가슴 안에 자아를 붙들어 두려는 성실한 노력에 의하여, 마음의 잠재적인 경향성들은 저절로 소멸되고 호흡도 제어됩니다.

신은 마음에게 빛을 주며 마음의 안쪽에서 빛나고 있습니다. 마음을 내면으로 돌려 신에게 고정시키지 않고서 달리 어떻게 마음을 통하여 신을 알 수 있겠습니까?

마음이 사랑으로 녹아 자비로운 절대자가 머물고 있는 가슴의 동굴에 이를 때, 의식의 눈은 열리고 그대는 진리를 알게 될 것입니다. 진리가 나타날 것이기 때문입니다.

10. 바사나

바사나는 심리적 충동들이다.

바사나는 마음의 습관들입니다.

심리적 경향성들을 뿌리 뽑기 위해 노력해야 합니다. 모든 심리적 경향성들이 뿌리 뽑힌 후라야 지식은 흔들림 없이 지속될 수 있습니다.

오래된 심리적 경향성들에 대항하여 싸워야 합니다. 그러면 그것 모두는 사라질 것입니다. 과거에 영적 수행을 한 사람들의 경우에는 그 경향성들이 비교적 빨리 사라지고, 그렇지 않은 사람들의 경우에는 좀 더 오래 걸릴 것입니다.

수천 년 동안 동굴 안에 있던 어둠을 몰아내는 데 또 다른 수천 년이 필요한 것은 아닙니다. 초 한 자루면 충분합니다. 빛이 동굴로 들어오는 순간, 수천 년 동안 동굴을 채우고 있던 짙은 어둠이 한순간에 사라집니다. 이와 같이 수많은 세월 동안 수많은 생을 거치며 축적된 심리적 경향성들도 말하자면 구루의 은총이라는 빛에 의하여 그냥 사라집니다. 어두운 동굴 안으로 빛을 가져오기 위한 유일한 노력은 스승의 발아래에서 은총을 얻기 위하여 기도하는 것입니다! 일단 어둠이 사라지면, 무지로 인한 모든 고통은 사라집니다. 삶은 바로잡히고 그 목적은 이루어집니다. 구루의 은총은 아주 단순하지만 매우 강력합니다.

마음이 '나'라는 생각의 근원을 탐구함으로써 안으로 향한다면, 심리적 경향성은 소멸됩니다. 나의 빛이 심리적 경향성들을 만나면 마음이라고 하는 반사의 현상을 낳습니다. 심리적 경향성이 소멸되면 마음도 가슴인 실재의 빛 안으로 흡수되어 사라집니다.

이것이 구도자가 알아야 할 모든 것입니다. 구도자에게 꼭 필요한 것은 '나'라는 생각의 근원을 진지하게 일념으로 탐구하는 것입니다.

11. 만트라

아함!(Aham!)

만트라는 구루가 제자에게 자파, 즉 반복 암송을 위해 준 신성한 단어입니다.

'나'는 모든 만트라들 중 첫째이자 가장 위대한 것입니다.

'나'는 또한 구루 만트라입니다.
신의 첫 번째 이름은 '나'입니다.
'옴(Om)'조차도 나중에 옵니다. 진정한 나는 항상 '나-나'입니다. 자파를 하는 사람, 즉 아함 없이는 만트라도 없습니다.

아함이라는 자파는 항상 안에서 계속되고 있습니다.

아함은 그 자체로 매우 암시적인 말입니다. 아(A)와 함(Ham)이라는 두 음절은 산스크리트 알파벳의 처음과 끝입니다. 이 아함이라는 단어에 모든 것이 포함되어 있다는 의미가 있습니다. 아함은 존재 그 자체를 의미하기 때문입니다.

'나'라는 생각이 소멸되면 가슴이 '아함'으로 빛납니다. 그것은 모든 것에 가득 차 있는 지고의 나입니다.

자신을 알기 위해 거울이 필요치 않듯이, 나를 알기 위해 경전의 지식이나 학습은 필요치 않습니다. 결국에는 모든 지식이 나 아닌 것으로서 버려져야 합니다. 가정 살림이나 아이를 돌보는 일도 꼭 장애물인 것은 아닙니다. 더 이상 아무것도 할 수 없다면, '나는 누구인가?'에서 권하듯이 마음 속으로 '나', '나'하고 계속 말하십시오. 끊임없이 '나', '나'를 생각하면 나의 상태로 안내될 것입니다. 앉아 있든 서 있든 걷고 있든 무엇을 하든 간에 그것을 계속해서 반복하십시오. '나'는 신의 이름입니다. 그것은 모든 만트라 중 첫째이며 가장 위대한 것입니다. '옴'도 그 다음입니다.

나는 모든 만트라들 중 가장 위대한 것입니다. 그것은 자동적으로 그리고 영원히 계속되고 있습니다. 내면에서 계속되고 있는 이 만트라를 자각하지 못한다면, 그것을 의식적으로 자파로 삼아 노력하여 반복함으로써 다른 생각들을 물리쳐야 합니다. 끊임없이 그것에 주의를 기울이면, 결국 깨달음의 상태이며 노력 없이 계속되는 내면의 만트라를 자각하게 될 것입니다. 이 자각에 확고하면 아무리 많은 활동들을 하고 있을지라도 그 흐름 속에 지속적으로 노력 없이 유지될 것입니다. 그 나가 스스로 항상 '아함, 아함' 즉 '나', '나'라고 반복할 것입니다.

"당신이 모든 존재들의 가슴 속에서 '아함, 아함'으로 춤을 추기에, 당신은 가슴으로 알려집니다. 오, 아루나찰라여!"

– 아루나찰라에 바치는 다섯 노래
바가반 슈리 라마나

12. 타파스
고행

※ 바가반 라마나가 조언하는 가장 위대하고 강력한 타파스는 "고요하라."이지, 명상이나 요가 등과 같은 것을 마음으로 행하는 것이 아니다.

'나'의 모든 흔적이 사라질 때 남아 있는 그것을 깨닫는 것이 훌륭한 타파스입니다.

'나'라는 개념이 어디서 일어나는지 지켜본다면, 마음은 그것 안으로 흡수됩니다. 이것이 타파스입니다.

만트라를 반복할 때 만트라의 소리가 일어나는 근원으로 주의를 돌리면, 마음은 그것 안으로 들어가 하나가 됩니다. 이것이 타파스입니다.

전능하신 신에게 모든 짐을 맡기고 무집착과 평화로 있는 것이 최상의 타파스입니다.

13. 환생

욕망들의 만족

탄생과 죽음

죽음과 탄생은 몸에게만 있으며, 그것은 환영입니다. 실제로는 탄생도 죽음도 없습니다.

무엇이 탄생이고 무엇이 죽음입니까? 누가 탄생하고 죽습니까?

잠자고 깨어나는 매일의 경험을 이해하기 위하여 왜 탄생과 죽음으로 가야 합니까? 잠을 잘 때, 이 몸과 세상은 그대에게 존재하지 않습니다. 그러나 그대는 존재하고 있습니다. 이러한 질문들이 그대를 괴롭히지 않지만 그대는 존재하고 있으며, 똑같은 그대가 지금의 깨어 있는 상태에 존재하고 있습니다. 그대가 몸을 가지게 되고 또 세상을 보게 되는 것은 오직 잠에서 깨어날 때뿐입니다. 깨어 있음과 잠을 제대로 이해한다면, 그대는 삶과 죽음을 이해하게 될 것입니다. 깨어 있음과 잠이 날마다 일어나므로 사람들은 그 경이로움을 알지 못하고 탄생과 죽음에 대해 알고 싶어 합니다.

잠 속에 있던 사람이 지금 말하고 있는 사람입니다. 그대는 잠 속에서는 몸이 아니었습니다. 이제는 몸입니까? 이것을 찾아내십시오. 그러면 모든 문제가 풀릴 것입니다.

태어난 것은 죽게 마련입니다. 탄생은 누구의 것입니까? 그대가 태어났습니까? 탄생과 죽음이 어떻게 영원한 나에게 영향을 줄 수 있습니까? 이 질문이 누구에게 일어나는지를 생각해 보십시오. 그러면 그대는 알게 될 것입니다.

환생

환생은 무지가 있는 동안에만 존재합니다.

정말이지 환생은 지금도 없고, 이전에도 없었으며, 이후로도 없을 것입니다. 이것이 진실입니다.

탄생과 환생은 몸에 관한 것입니다. 그대는 나를 몸과 동일시하고 있습니다. 그것은 잘못된 동일시입니다. 그대는 몸이 태어났고 죽을 것이라고 믿으며, 몸과 관련된 현상을 나와 혼동하고 있습니다. 자신의 진정한 존재를 아십시오. 그러면 이런 질문들이 일어나지 않을 것입니다.

탄생과 환생은 오로지 그 질문을 조사하도록 하기 위하여, 그리고 탄생도 환생도 없다는 것을 알도록 하기 위하여 말해집니다. 그것들은 몸과 관련될 뿐, 나와 관련되는 것이 아닙니다. 나를 아십시오. 의심으로 마음을 어지럽히지 마십시오.

누가 태어나며, 지금 누가 존재의 문제로 고민하는지 찾아내십시오. 잠들어 있을 때, 그대는 환생이나 현재의 존재에 대해 생각합니까? 그러므로 현재의 문제가 어디로부터 일어나는지 찾아내십시오. 그곳에서 그대는 답을 발견할 것입니다. 탄생도 없고, 현재의 문제나 불행도 없음을 알게 될 것입니다.

만약 탄생이 있다면, 한 번의 환생뿐만 아니라 계속 이어지는 탄생들이 있어야 합니다. 왜, 어떻게 그대는 이번에 탄생했습니까? 같은 이유와 방식으로 그대는 계속해서 탄생해야 합니다. 하지만 그대가 만약 누구에게 탄생이 있으며, 탄생과 죽음이 그대에게 있는지 혹은 그대와 떨어진 누군가에게 있는지를 질문한다면, 그대는 진리를 깨달을 것입니다. 그 진리는 모든 카르마를 불태우고 그대를 모든 탄생들로부터 자유롭게 할 것입니다.

태어나는 것이 누구인지, 실제로 탄생과 죽음이 있는지 찾아내십시오. 탄생은 마음의 환영인 자아에게 속한다는 것을 발견할 것입니다.

진정한 환생은 자아가 죽고 나로 거듭나는 것입니다. 몸과의 동일시가 존재할 때마다, 몸 감각이 자신의 근원인 나로 들어가 하나 되어 사라질 때까지, 이 몸이든 다른 어떤 몸이든 하나의 몸은 항상 이용될 수 있습니다.

* 바가반은 환생과 같은 것은 없으며, 욕망들을 충족시키기 위하여 한 몸을 버리고 다른 몸을 취하는 것만이 있다고 말하였다.

태어나는 원인은 욕망입니다. 욕망을 정복하여 하나 속으로 흡수시켜야 합니다. 그러면 환생이 끝납니다.

진정한 나는 영원하며 영향을 받지 않고 있습니다.

환생하는 자아는 생각이라는 낮은 층에 속합니다. 그것은 나 깨달음에 의해 초월됩니다.

자아는 같은 채로 있지만 몸들이 나타나 자아를 붙듭니다. 자아는 변화 없이 늘 남아 있습니다.

지고의 공간인 나의 관점으로 본다면, 신기루 같은 세상에 태어난다는 환영은 몸을 '나'라 여기는 자기중심적 무지에 불과합니다.

나를 잊고, 몸을 나로 착각하고, 수많은 탄생들을 거치다가, 마침내 나를 알고 나로 있는 것은 온 세상을 떠도는 꿈으로부터 깨어나는 것과 같습니다.

시간 감각은 전적으로 심리적인 것이기에, 현재도 오로지 상상에 불과한 것이다. 공간도 심리적인 것입니다. 따라서 시간과 공간에서 일어나는 탄생과 환생은 상상에 불과합니다.

누가 태어납니까? 태어남을 있게 하는 근원인 브람만을 탐구하는 사람이 정말로 태어난다는 점을 아십시오. 그는 영원히 지고자이며 늘 새롭습니다.

죽음에 대해 강한 두려움이 있는 이들은 죽음도 탄생도 없는 신의 발만을 피난처로 구합니다. 자기 자신과 자신의 소유물에 죽었는데, 그들에게 죽음에 대한 생각이 다시 일어날 수 있습니까? 그들은 불멸입니다.

14. 고통

모든 고통은 환영에서 온다.

진정한 나를 깨달으십시오. 이것만이 필요한 모든 것입니다. 모든 사람이 똑같이 행복하거나 부유하거나 현명하거나 건강하였던 적은 한 번도 없었고 앞으로도 없을 것입니다. 사실 이 용어들은 그것에 대한 반대 개념이 존재하지 않는다면 어떤 의미도 없는 것입니다. 하지만 이 말은 그대보다 덜 행복하거나 더 불행해 보이는 사람을 보더라도 자비롭게 행동하거나 최선을 다하여 돕지 않아도 된다는 의미는 아닙니다. 이와 반대로 그대는 모두를 사랑하고 모두를 도와야 합니다. 오로지 그런 식으로만 그대는 자신을 도울 수 있기 때문입니다.

어떤 사람이나 동료 피조물의 고통을 덜어 주고자 할 때, 그 노력이 성공하든 실패하든 간에 그대는 영적으로 진보합니다. 특히 그 봉사가 사심 없이, "내가 이 일을 한다."라는 자아의 느낌이 없이 행해진다면, 그리고 "신이 나를 이 봉사의 통로로 이용하고 있다. 신이 행위자이며 나는 도구이다."라는 정신으로 행해진다면 더욱 그러합니다.

지혜의 상태에 이르러 이 환영으로부터 깨어나는 날까지, 그대는 고통을 볼 때마다 고통을 덜어 주는 사회봉사를 해야 합니다. 하지만 그것조차도 "내가 행위자다."라는 느낌 없이, 자아 없이, "나는 신의 도구이다."라는 느낌으로 행해야 합니다. 자만심이 생겨 "나는 나보다 못한 사람을 돕고 있다. 그는 도움이 필요하다. 나는 도울 수 있는 처지에 있다. 나는 우월하며 그는 열등하다."라는 생각을 해서는 안 됩니다. 그 사람 안에 있는 신을 숭배하는 수단으로서 그 사람을 도와야 합니다. 그런 모든 봉사도 다른 누군가를 위한 것이 아니라 나를 위한 것이며, 오로지 그대 자신을 위한 것입니다.

개체성이 사라질 때 고통이 그칠 것입니다.

모든 사람 안에서 가슴으로 빛나고 있는 각자의 실재는 순수한 희열의 바다 그 자체입니다. 사람은 자기 자신이 결코 아닌 몸을 자신이라고 생각하기 때문에 고통을 받습니다. 고통은 모두 환영 때문입니다. 그대는 '나'가 몸과 마음으로부터 분리되어 있으며, 나만이 영원한 존재이며, 그것이 영원한 희열이라는 것을 알게 될 것입니다. 그것이 지혜입니다.

잠 속에서는 세상과 세상의 고통을 자각하지 않지만, 깨어난 상태에서는 지금 그것들을 의식합니다. 그대가 그것들에 의해 괴로움을 당하지 않는 상태를 지속시키십시오. 말하자면, 세상을 자각하지 않을 때, 세상의 고통은 그대에게 영향을 주지 않습니다. 그러므로 내면을 바라보십시오. 나를 보십시오! 그러면 세상과 그것의 고통이 끝날 것입니다.

세상은 외부적인 것이 아닙니다. 자신을 몸과 그릇 동일시하기 때문에 그대는 외부 세상을 보며, 그것의 고통이 그대에게 뚜렷하게 느껴집니다. 하지만 세상은 실재하지 않습니다. 실재를 찾으십시오. 실재하지 않는 이 느낌을 없애십시오.

세상이라고 불리는 것은 생각에 지나지 않습니다. 세상이 사라질 때, 즉 생각이 없을 때, 마음은 희열을 경험합니다. 세상이 나타날 때 마음은 불행을 경험합니다.

세상의 불행으로부터 벗어나는 유일한 방법이 있습니다. 그것은 어떤 상황에서도 자신의 나를 놓치지 않고 보는 것입니다. "나는 누구인가?"라고 묻는 것은 세상의 모든 질병에 대한 유일한 치료제입니다.

그것은 또한 완벽한 희열입니다.

15. 아루나찰라

아루나찰라는 지혜의 산이다.

* 벤카타라만, 슈리 라마나는 1879년 남인도의 조용한 마을에서 태어났다. 아루나찰라 산의 힘에 이끌려 바가반은 16세의 깨달은 현자로 이 성스러운 산기슭에 이르렀다.

* 벤카타라만, 그는 어떤 경전들도 읽지 않았으며, 그에게는 구루도 없었다.

* 바가반 슈리 라마나 마하리쉬는 아루나찰라를 떠난 적이 없었다. 그러나 수많은 사람들이 그에게 경의를 표하기 위하여 찾아왔으며, 그로부터 끊임없이 샘솟아 모든 존재들에게 차별 없이 흐르는 깊은 평화의 강물을 마셨다.

내가 어떻게 아루나찰라에 의해 이곳으로 끌리게 되었습니까? 그 힘은 부정될 수 없습니다. 다시 말하지만, 아루나찰라는 안에 있지 바깥에 있지 않습니다. 나가 아루나찰라입니다.

지혜의 산

"오, 아루나찰라여! 쇠붙이를 끌어당기는 자석처럼 저를 끌어당기시고는 저를 보내지 마시고 저와 늘 하나로 있으소서."

— 아루나찰라에 바치는 결혼 화환문, 16절 —

"오, 아루나찰라여! 물 속의 얼음이 녹아 물이 되듯이, 저를 사랑 속에, 사랑의 모습이신 당신 속에 녹여 주소서."

— 아루나찰라에 바치는 결혼 화환문, 101절 —

"오, 아루나찰라여! 당신이 저를 당신의 것이라 하는 순간, 저의 몸과 영혼은 당신의 것이 되었습니다. 그럴진대 제 자신에 대해 어떤 불평을 할 수 있겠습니까? 공덕과 과오 둘 다 당신 없이 존재할 수 없으므로, 저는 그것들이 아니라 당신만을 생각합니다. 오, 저의 진정한 영혼이시여! 당신이 원하시는 대로 하소서. 오, 사랑하는 이시여! 다만 당신의 발을 점점 더 사랑하게 허락하소서."

— 아루나찰라에 바치는 아홉 개의 보석 목걸이, 7절 —

"오, 아루나찰라여!⋯⋯ 사랑에서 태어난 희열이시여! 제게 무슨 할 말이 남아 있겠습니까? 당신의 뜻이 저의 뜻이며, 당신의 뜻이 곧 저의 행복입니다."

– 아루나찰라 파티캄, 2절 –

* 우주의 희열이 가슴의 연꽃에서 사랑으로 반사되는 다음의 주옥같은 찬가는 사랑과 지혜, 헌신과 지혜, 따스함과 밝음이 가득 담겨 있다.

오, 아루나찰라여!

당신 안에서
우주의 모습이 만들어지고,
유지되다가 소멸됩니다.
이것은 숭고한 진리입니다.

당신은 '나'로서 가슴에서 춤추는
내면의 나입니다.
가슴은 당신의 이름입니다. 오, 신이시여.

– 아루나찰라에 바치는 다섯 보석, 2절 –

"당신의 뜻이 저의 기쁨이게 하소서. 오, 아루나찰라여!

당신이 저를 요구하는 순간, 제 몸과 영혼은 당신의 것이 되었습니다.

그럴진대 제가 무엇을 더 바라겠습니까?"

— 아루나찰라에 바치는 아홉 보석 목걸이, 7절 —

아루나(aruna)는 불처럼 '붉고 밝은'을 뜻한다.

이것은 뜨겁지도 차갑지도 않은 갸나아그니(jnanagni, 지혜의 불)를 의미한다.

아찰라(achala)는 움직임이 없는 산을 의미한다.

따라서 아루나찰라(arunachala)는 지혜의 산을 의미한다.

A는 삿(Sat, 존재)을, Ru는 칫(Chit, 의식)을, Na는 아난다(Ananda, 희열)를 의미한다.

A는 쉬바를, Ru는 지바를, Na는 그들의 결합을 의미한다.

따라서 아루나찰라는 탓-트밤-아시(tat-tvam-asi, 그대가 그것이다.)를 의미한다.

이 신성한 이름의 매 음절은 의미로 충전되어 있다.

아루나찰라를 그저 생각만 하여도 해방을 가져다준다.

사람들은 아루나찰라를 생기가 없는 산이라 생각합니다.

그들이 어떻게 알겠습니까?

아루나찰라는 산의 형상을 하고 있는 나입니다.

귀 기울여 보십시오!……

나는 아루나찰라가 절대적 고요라는 것을 알았습니다.

— 아슈타캄, 1절 —

16. 프라닥쉬나

프라닥쉬나(pradakshina)는
움직임 속에 있는 사마디이다.

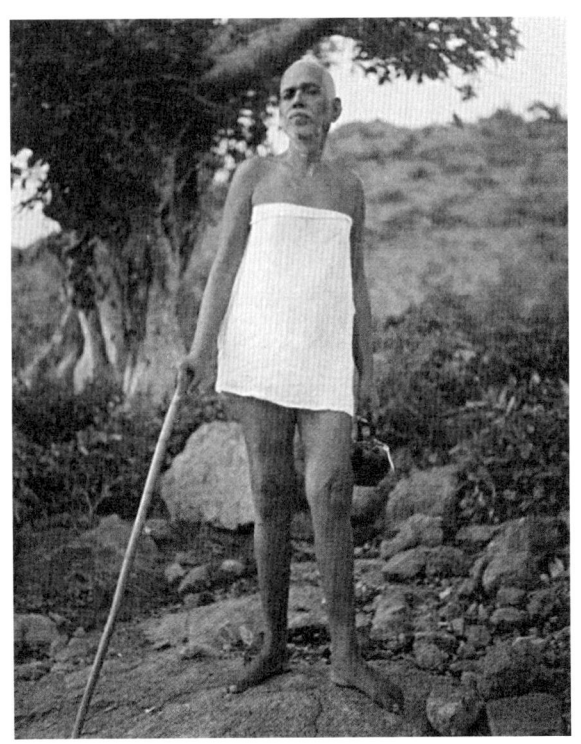

아루나찰라를 한번 돌아 보십시오.

아루나찰라가 그대를 끌어당긴다는 것을 알게 될 것입니다.

아루나찰라를 도는 것은 좋습니다. '프라닥쉬나'라는 단어는 어떤 특별한 의미를 지니고 있습니다.

'프라(pra)'는 모든 종류의 죄를 없앤다는 의미입니다.

'다(da)'는 욕망의 충족을 의미합니다.

'크쉬(kshi)'는 윤회로부터의 자유를 의미합니다.

'나(na)'는 지혜를 통하여 구원을 얻는 것을 의미합니다.

아루나찰라를 도는 것은 세상을 한 바퀴 도는 것만큼이나 효과가 있다고 합니다. 그것은 세상 전체가 이 산으로 응축되어 있다는 것을 의미합니다.

기리프라닥쉬나

기리프라닥쉬나(Giripradakshina)만큼 좋은 것은 없습니다. 그것만으로 충분합니다. 그대가 한 장소에 앉아서 자파나 명상을 한다면, 마음이 이리

저리 방황할 수 있습니다. 하지만 기리프라닥쉬나를 하는 동안에는 발은 움직이더라도 마음은 고요할 것입니다. 걷는 동안에 다른 생각을 하지 않고 자파나 명상을 하는 것을 움직임 속에 있는 사마디라 합니다. 걷는 것이 그토록 중요한 것으로 여겨진 것은 이 때문입니다.

사실, 기리프라닥쉬나를 하면서 얻게 되는 기쁨과 행복을 묘사하기란 어렵습니다. 몸은 지치고, 감각 기관들은 힘을 잃으며, 몸의 모든 활동들은 내면으로 흡수됩니다. 따라서 자신을 잊고 명상의 상태 속으로 들어가는 것이 가능합니다. 이 밖에도 아루나찰라 산에는 여러 종류의 약초가 있습니다. 그 약초들을 스쳐 가는 공기는 건강에 좋을 것입니다. 기리프라닥쉬나는 특별히 중요합니다.

17. 나마스카라

나마스카라(namaskara)의 의미는
자아의 가라앉음이다.

엎드려 절하기는 '자아의 가라앉음'을 의미합니다.

무엇이 가라앉음입니까?

그것은 자아의 근원으로 녹아들어 하나가 됨을 의미합니다.

원래 나마스카라는 고대의 성자들이 신에게 복종하기 위한 방법으로 사용하였습니다. 오늘날에도 여전히 널리 행해지고 있지만 그 이면의 정신은 예전 같지 않습니다. 나마스카라를 하는 사람은 자신의 행위로 숭배의 대상을 속이려 합니다. 그러한 행위는 대단히 불성실하며 거짓된 것입니다. 그것은 수많은 죄들을 덮어 가리기 위한 것입니다. 신을 속일 수 있겠습니까? 사람들은 자신의 나마스카라를 신이 받아들이며, 자신은 마음껏 예전의 삶을 계속 살 수 있다고 생각합니다. 그들은 나에게 올 필요가 없습니다. 나는 이런 나마스카라들을 달가워하지 않습니다. 사람들은 자신의 마음을 깨끗하게 유지해야 합니다. 그렇게 하는 대신에 그들은 내 앞에서 몸을 굽히거나 거짓으로 엎드립니다. 나는 이러한 행위들에 속지 않습니다.

진정한 나마스카라는 '나'라는 생각을 포기하는 것, 즉 자아를 죽이는 것입니다.

신은 겉으로 무릎을 꿇거나 절하거나 엎드려 절하는 것에 속지 않습니다. 신은 개별성이 있는지 없는지를 봅니다.

암소 락슈미

인간으로 태어나는 것만이 최고이며 인간만이 깨달음을 얻을 수 있다는 것은 사실이 아닙니다. 심지어 동물도 나 깨달음을 얻을 수 있습니다.

* 슈리 바가반은 암소 락슈미가 거의 인간에 가까운 지능을 가지고 있다는 것을 입증하는 많은 일들을 자세히 얘기하였다. 바가반은 암소 락슈미가 비록 말은 할 수 없었지만 모든 것을 다 이해하였으며 인간처럼 지성적으로 행위를 하였다고 말하곤 하였다.

"늙은 락슈미는 송아지 때부터 특이하게 행동하였습니다. 락슈미는 내게 매일같이 와서 자신의 머리를 나의 발에 갖다 댔습니다. 외양간 신축 기념식 날에 락슈미는 매우 기뻐하며 내게 오더니 나를 기념식에 데려

갔습니다."

* 외양간 신축 기념식이 있던 날, 락슈미가 먼저 축사에 들어가기로 결정되어 있었다. 새 축사로 들어가기 위하여 목욕을 시키고 치장을 시켰지만, 락슈미는 슬그머니 빠져나가 바가반에게로 가서 그 앞에 앉아 엎드렸다. 락슈미는 바가반이 움직일 때까지 움직이지 않았다. 그래서 바가반이 먼저 축사에 들어갔고, 락슈미가 뒤따라 들어갔다.

* 아쉬람이 커짐에 따라 소의 수도 증가하였다. 락슈미는 아홉 번이나 새끼를 낳았으며, 이 중 세 마리는 정확히 바가반의 생신 때 낳았다. 1948년 6월 17일 락슈미는 병이 들었으며 18일 아침에는 생명이 다한 듯하였다. 아침 10시경에 바가반은 락슈미에게로 갔다. 바가반은 락슈미를 쓰다듬으며 말하였다. "엄마, 내가 그대 곁에 있기를 원하는가?" 바가반은 락슈미의 눈을 들여다보며 마치 입문을 주듯이 한 손은 락슈미의 머리에 얹고 다른 한 손은 가슴 위에 얹었으며, 락슈미의 얼굴에 뺨을 대고 락슈미를 달랬다. 락슈미의 가슴이 순수해지고 환생을 일으키는 모든 경향성들로부터 자유로워지고 오로지 바가반에게만 집중되자, 바가반은 락슈미 곁을 떠나 회당으로 돌아갔다. 락슈미가 죽기 전에 락슈미의 눈은 고요하였으며 평화로웠다. 락슈미는 마지막까지 의식이

있었으며 오전 11시 30분에 평화롭게 몸을 벗었다.

＊ 락슈미의 묘 위에 돌로 된 무덤이 만들어졌다. 무덤 위에는 바가반이 지은 묘비명이 새겨졌는데, 이 비문은 락슈미가 해방에 이르렀음을 분명히 보여 준다.

"1948년 6월 18일 금요일에 암소 락슈미는 묵티(자유)에 이르렀다."

마음이 근원으로 들어가 근원과 하나 되는 것이 진정한 나마스카라입니다.

자신의 의무를 다하는 것이 진정한 나마스카라며, 신 안에 머무르는 것이 진정한 아사나(자세)입니다.

18. 지혜의 이슬

깨어 있는 동안에도 잠의 상태에 이르면 그대는 갸니(성자)가 됩니다.

의식만이 그대입니다. 그대만이 의식입니다. 태어남과 죽음이 없이 존재하는 것은 의식뿐입니다.

몸이 태어난다는 것을 모르는 이가 있습니까? 하지만 의식의 태어남을 아는 이가 있습니까?

그대의 진정한 성품이 무엇인지를 늘 생각하십시오. 그 밖의 다른 것은 생각하지 마십시오.

모든 것의 근원은 나입니다. 자기 탐구를 통하여 마음이 나에 녹아들어 하나 되게 하십시오. 그러면 그대는 이 세상에서 행복하게 살아갈 수 있을 것입니다.

자아가 나 안에서 녹아 없어질 때, 나는 자신의 모든 영광으로 빛날 것입니다. 진정한 그대 자신인 나로 있는 것이 늘 그대의 것인 희열을 깨닫는 유일한 수단입니다.

신은 다름 아닌 나입니다. 자아를 소멸시켜 나를 보는 것이 곧 신을 보는 것이며, 나머지 모든 것은 마음의 환영일 뿐입니다.

'나'라는 것이 소멸될 때, 즉시 유일자가 '나-나'로서 빛납니다. 그것만이 전체(푸르남)입니다.

나 깨달음은 최고의 가치이며, 인간 존재의 궁극의 목표입니다.

있는 그대로 있으십시오. 그것이 목표입니다. 궁극의 목표는 불멸의 의식을 깨닫는 것입니다.

스승은 내면에 있습니다. 명상은 스승이 바깥에만 있다는 무지한 생각을 없애려는 것입니다.

명상은 명상할 대상이 필요합니다. 반면에 자기 탐구에서는 주체만 있고 대상은 없습니다.

사다나(수행)는 얻을 목표와 그것을 얻기 위한 수단을 포함합니다.

우리가 이미 소유하고 있지 않아서 얻어야 할 것이 무엇입니까?

나는 무엇을 함으로써가 아니라, 무엇을 하는 것을 그만둠으로써, 고요히 있으면서 그저 진정한 자신으로 있음으로써 실현됩니다.

명상하지 마십시오. 존재하십시오.

그대가 존재한다고 생각하지 마십시오. 그냥 존재하십시오.

나를 아는 것은 나로 있는 것입니다. 두 개의 분리된 나가 없기 때문입니다.

지식과 무지를 초월하여 있는 지식이 진정한 지식입니다. 거기에는 알아야 할 대상이 없습니다.

자신의 진정한 성품이 알려질 때, 거기에는 시작도 끝도 없는 존재가 있습니다. 그것은 끊임없는 자각-희열입니다.

속박과 해방에 대한 모든 생각들 너머에 있는 이 지고의 희열의 상태에 있는 것이 절대자에 대한 봉사로 있는 것입니다.

마음이 소멸되어 절대자 안에 휴식하는 위대한 요기에게는 카르마가 없습니다. 자신의 진정한 성품인 절대자에 이르렀기 때문입니다.

세상에서 보이는 욕망이 깃든 카르마, 즉 행위는 결코 우리를 목적지에 데려다 주지 않습니다.

카르마와 그것의 결과인 쾌락은 매우 빨리 끝납니다. 그것들은 신만이 주는 영원한 희열을 줄 수 없습니다.

성자는 마음이 없는 이입니다.

마음이 조금만 움직여도 그것이 곧 삼사라이며, 그것의 멈춤이 자유입니다.

삼사라는 오직 그대의 마음 안에 있습니다.

삼사라는 속박입니다. 묵티가 해방입니다.

마음을 바깥으로 향하게 하는 것은 무엇이든 삼사라입니다. 마음을 자기 안으로 향하게 하는 것은 무엇이든 해방입니다.

속박과 자유는 둘 다 그저 생각들입니다. 그것들은 지혜의 상태가 아니라 무지의 상태에서만 존재할 수 있습니다.

생각들은 이전의 수많은 삶들에서 축적된 바사나(경향성)입니다. 바사나의 소멸이 목표입니다.

모두가 영원한 나를 자각하고 있습니다. 수많은 죽음을 보지만 여전히 자신은 영원하다고 믿습니다. 왜냐하면 그것이 진리이기 때문입니다. 자연스러운 진리는 스스로 드러납니다. 의식하는 나를 자각 능력이 없는 몸과 혼동함으로써 사람들은 착각에 빠집니다. 이러한 착각은 끝나야 합니다.

나로 있는 것만큼 쉬운 것은 없습니다. 노력도 필요 없고, 도움도 필요 없습니다. 잘못된 정체성만 버리고, 자신의 영원하고 자연스럽고 타고난 상태에 있기만 하면 됩니다.

나는 항상 있습니다. 그것은 그대입니다. 그대 말고는 아무것도 없습니다. 그대와 별개로 있을 수 있는 것은 아무것도 없습니다.

은둔은 나 안에 거주하는 것입니다. 그 이상의 의미는 없습니다.

침묵은 끊임없이 말하고 있습니다.

성자들의 언어는 침묵의 언어로 가슴에게 말하는 가슴입니다.

침묵은 웅변이며, 내면에서 일어나는 은총의 상태입니다.

'나'와 '나의 것'을 소멸시키는 지고의 신에게 절대적으로 복종하는 것이 불멸을 깨닫는 수단입니다.

우주의 유일한 궁극의 원인인 지고의 존재는 많은 것들로 자신을 나타냅니다. 그것들은 그 존재와 별개로 존재하지 않습니다.

지고자는 하나입니다. 그것은 나입니다.

나는 순수 의식입니다. 그것은 모든 종류의 깨우침의 근원입니다.

지고자는 가슴에서 나로 빛납니다.

지고자를 신, 나, 가슴, 의식의 자리 등 어떤 이름으로 부르든 그것은 모두 같은 말입니다. 알아야 할 것은 바로 다음의 것입니다. 가슴은 존재의 핵심, 중심을 의미하며, 그것이 없이는 아무것도 없습니다.

바가반은
요구하지 않아도 주는 것이
충만한 사랑이라고 하였습니다.

라마나의 생애

티루출리

인도 남부 마두라이에서 30마일 떨어진 작은 마을 티루출리에서는 매년 쉬바 신을 모시는 아루드라 다르샨 축제가 열린다. 아루드라 다르샨 축제는 쉬바가 헌신자들에게 나타라자의 모습으로 나타난 날을 기리는 데서 시작되었다.

  1879년 12월 29일, 헌신자들이 고색창연한 부미나타 사원에서 쉬바 나타라자 상(像)을 꺼내어 티루출리 시가를 지나는 행렬을 이루기 시작했다. 바로 그날 사원 가까이 있던 순다람 아이어와 그의 부인 아라가말이 살고 있던 집에는 두 번째로 태어날 아이를 기다리느라 밤새 불이 밝혀져 있었다.

  아라가말이 아이의 출산을 기다리고 있을 때, 그녀의 몸에 전에는 결코 가지지 못했던 경이로운 광채가 났다.

그날 밤 자정이 지난 새벽 1시경, 축제에 모인 인파가 돌아가고 꽃으로 둘러싸인 쉬바신의 상이 다시 부미나타 사원으로 들어갈 무렵, 순다람 아이어의 집에서 쉬바가 갓난아기의 모습으로 울음소리를 터뜨리고 있었다. 벤카타라만, 훗날 세상 사람들에게 바가반 슈리 라마나 마하리쉬로 불리게 될 사내아이가 태어난 것이다. 그 방에는 눈먼 간호원이 있었다. 그녀는 아이가 태어날 무렵에 황홀한 빛을 느끼고는 아라가말에게 "지금 태어나고 있는 아이는 성스러운 존재임에 틀림없습니다."라고 말하였다.

벤카타라만은 아라가말과 순다람 아이어 부부의 4자녀 중 둘째로, 아버지 순다람 아이어는 자수성가하여 성공한 변호사였으며 티루출리에서는 자비롭고 지혜로운 사람으로 명망이 드높았다. 그는 밤중에 자신의 마차를 습격한 도적 떼마저도 그를 경외하여 조용히 물러나게 하는 힘을 갖고 있었다. 그의 아내 아라가말은 부지런하고 성품이 온화한 주부였으며 그녀의 내적인 영혼의 힘은 훗날, 아들의 영적 가르침 아래서 더욱 빛을 발하게 된다. 순다람 아이어의 집은 늘 손님들과 순례자로 인해 붐볐는데, 그는 이층으로 집을 지어 반은 가족을 위해 사용했고 나머지 반은 손님과 순례자를 위한 공간으로 할애하였다. 오늘날까지도 그의 생가에서는 매일 의식이 행해지고, 많은 순례자들이 발길을 잇고 있다.

소년 벤카타라만은 비슷한 신분의 또래 아이들과 마찬가지로 가까운 초등학교에 다니기 시작했다. 소년은 마을 밖을 흐르는 쿤디냐 강을 즐겨 찾곤 했는데 훗날 그는 어린 시절을 이렇게 기억했다. "우리는 마을 밖을 흐르는 쿤디냐 강에서 헤엄치며 놀다가 근처의 칼리야나 사원에 있는 링가(상징. 쉬바 혹은 절대자를 나타냄)에 물을 붓기도 하고, 음식을 바친 후 그것을 먹기도 했다. 사원 가까이 사는 아이들도 몰려와, 함께 날이 저물도록 놀다가 집에 돌아갔다." 이렇게 행복한 12년간의 어린 시절이 흘렀다.

깨달음

1891년 벤카타라만은 티루출리에서 북쪽으로 70마일 떨어진 딘디굴에 있는 친척집으로 보내져, 딘디굴 시립 고등학교에 다니기 시작했는데, 그가 이 집에서 살기 시작한 지 1년이 채 못 되어 아버지가 위독하다는 소식이 전해졌다. 즉시 고향으로 돌아온 그는 귀향한 지 며칠 후인 1892년 2월 18일, 아버지의 임종을 맞게 된다. 시신이 화장되기까지 벤카타라만은 죽음에 대하여 깊이 생각하게 되었으며, 그리하여 아버지의 시신과 상관없이 모든 육체적, 정신적 행동에 책임이 있는 어떤 다른 힘이 있다는 생각에 도달하였다. 그것은 아버지의 몸이 아버지가 아니듯이 인간의 몸이 인간 그 자체가 아니라는 사실을 그에게 일깨워 주었다.

가족의 생계를 책임질 가장을 잃은 벤카타라만의 가족은 뿔뿔이 흩어져 친척집에 얹혀살게 되었다. 어머니 아라가말과 여동생, 막내 동생은 고향 근처의 친척집으로 갔으며 벤카타라만과 그의 형은 마두라이에 있는 작은 아버지 수바 아이어의 집으로 보내졌다.

마두라이는 미낙쉬 사원으로 유명한 북적대는 대도시였다. 벤카타라만은 처음엔 스코트 중학교에 다니다가 아메리칸 미션 고등학교에 진학했는데, 책 읽기나 공부보다는 바깥에 나가 운동과 각종 경기를 즐겨 했다. 그는 학업에는 아무런 관심도 없었으나, 그래도 기억력이 남달리 뛰어났던 덕에 보호자인 작은 아버지를 걱정시키는 일은 없었다. 타고난 건강과 힘, 그리고 운동신경이 누구보다 뛰어난 그에게 바이가이 강에서 수영을 하는 것과 친구들과 운동 경기를 하는 것은 세상의 그 무엇과도 바꿀 수 없는 인생의 즐거움이었다. 사실, 그때까지는 그의 인생에 있어 어떤 진정한 의미나 목적은 나타나지 않았다.

그렇지만 소년 시절, 벤카타라만은 지나칠 정도로 깊은 수면을 취하거나 반 숙면 상태로 죽은 듯이 누워 있기도 하였는데 이러한 상태들은 그의 타고난 영성과 깨달음을 예고하는 징조로 보였다.

그런 벤카타라만에게 1895년 11월, 그의 16번째 생일 직전, 이 소년의 남다른 운명을 알리는 첫 번째 전조(前兆)가 나타났다. 그는 어릴 때부터 깊은 내면에서 '아루나찰라'라는 소리가 장엄하게 압도하는 그 무엇으로 빛나면서 고동치고 있었다. 사실 그것은 소리가 아닌 묘한 진동으로 그의 영혼에 늘 지속되는 것 같았다. 이 고동치는 아루나찰라가 스툴라(stula:물리적, 현상적) 아루나찰라로 그 자신을 드러낼 때가 다가오고 있었다. 하루는 그의 집에 오신 친척 어른께 어디에서 오셨느냐고 묻자, 그가 아루나찰라(Arunachala)에서 왔다고 하는 말을 듣고 벤카타라만은 깜짝 놀라, "뭐라고요? 아루나찰라에서 왔다고요?"라고 소리쳤다. 벤카타라만은 막연하게 아루나찰라가 매우 성스러운 그 무엇으로 생각하고 있었으며 이 세상에 실제로 존재하며 갈 수 있는 곳이라고는 생각하지 못했다. 친척으로부터 아루나찰라가 티루반나말라이라는 곳에 실제로 존재하는 산 이름이라는 것을 듣고 그는 한편으로 놀라면서도 뛸 듯이 기뻐하였다. 이것은 그의 내면에서 고동치고 있는 '아루나찰라'에 확신을 가져다주었다.

두 번째 전조도 곧이어 나타났는데, 이것은 책으로부터 왔다. 벤카타라만은 숙부가 빌려온 페리아푸라남이라는 제목의 타밀 지방의 63명의 성자에 대한 책을 우연히 읽기 시작했다. 그는 책을 읽어 감에 따라 그토록 지고한 신앙과 사랑, 그리고 성스런 열정이 인간에게 가능하다는 것을 알고 희열에 찼다. 진실로 아름다운 삶이 존재할 수 있다는 것을 깨달은 것이다. 세상과의 연결을 끊고 신과 하나가 된 성인들의 이야기는 그에게 깊은 감명을 주었다.

그로부터 몇 달 후인 1896년 7월 중순, 숙부의 집 2층 방에 앉아 있던 벤카타라만은 마침내 생애 최대의 큰 변화를 맞게 되는데, 그것은 그를 소년에서 성자로, 단 한 순간에, 재빨리, 그리고 영원토록 뿌리를 내리게 하였다. 그 절정은 아무런 탐구도, 아무런 노력도, 아무런 의식적 준비도 없이 그에게 일어났다. 그 날 그는 갑작스럽게 설명할 수 없는 죽음의 공포에 압도되었다. 평소에 그는 거의 아프지 않았으며 그날도 그의 건강에는 아무런 문제가 없었다. 그런 그에게 갑작스럽게 닥친 죽음의 공포는, 전혀 아무 준비도 하지 않은 상태에서, 강렬하고 불가사의한 체험으로 다가왔다. 그는 아무 도움도 청할 수 없었으며 다만 "이렇게 죽겠구나."고 느끼고는 죽음이 무엇인지를 생각하기 시작하였다. 의사나, 어른들이나 친구들에게 도움을 청해야 하겠다는 생각은 일어나지 않았으며 그는 그때 오직 이 죽음의 문제를 그 스스로 그리고 그 자리에서 풀어야겠다고 마음을 먹었다.

죽음의 충격에서 오는 이 공포는 그의 마음을 내면으로 이끌고 갔다. 그는 마음 속으로 스스로에게 말했다. "이제 죽음이 왔다. 죽음이 무엇인가? 육체의 죽음으로 오는 이 죽음이란 무엇인가? 이 몸은 죽는다." 그래서 그는 즉시 죽음의 일어남을 드라마틱하게 하였다. 그는 죽음의 탐구를 생생하게 하기 위하여 눕고는 마치 시체가 된 것처럼 몸을 뻗어 뻣뻣하게 하였으며 소리가 입 밖으로 전혀 새어나가지 않도록 입을 꽉 깨물었다. 그래서 그는 다른 말은 물론 '나'라는 말도 할 수 없었다. 그때 그는 스스로에게 말했다. "이 몸은 죽었다. 이 몸은 뻣뻣한 채로 화장터로 옮겨져 한 줌의 재로 변할 것이다. 그러나 이 몸이 죽는다고 내가 죽는가? 몸이 나인가? 몸은 말이 없으며, 고요하다. 그러나 나는 내 존재의 완전한 힘을 느낀다. 내 몸과는 별개인, 나 속에 있는 '나'의 소리조차도 나는 느낀다. 그러므로 나는 몸을 초월한 영(靈:나)이다. 비록 몸은 죽음에 이르나 몸을 초월하여 있는 영은 죽음의 손길이 닿을 수 없다. 이 말의 의미는 내가 죽음을 초월한 영이라는 것이다."

이 모든 것은 둔한 생각으로 일어난 것이 아니었다. 아무런 사고 과정이 없이, 그에게 직접적인 자각으로 그리고 살아 있는 진리로서 생생하게 섬광처럼 일어났다. 그에게 '나'는 분명한 실재로서의 그 무엇이었으며 자기 존재의 유일한 그 무엇이었다. 그의 몸과 관련한 모든 의식적 활동들이 그 '나'의 중심에 잡혀졌다. 그와 같은 경험을 한 후에 나, 즉 나는 스스로 강력한 힘으로 그의 내면에 자리를 잡게 되었다. 죽음의 공포는 완전히 사라졌다. 그 후로 그에게는 '나' 속으로의 몰입이 끊어짐이 없이 지속되었다. 다른 생각들은 악보의 여러 음표처럼 오가고 하였지만, 그러나 '나'는 모든 다른 음표들의 토대가 되어 뒤섞이기도 하는,

바탕으로 있는 스루티(sruti:말로 전달되어지며 내려온 경전) 음표였다. 몸이 말을 하거나 책을 읽는 등 그 무엇을 할지라도, 그는 여전히 '나'에 집중되고 있었다. 이 경험 이전에는 그는 그의 나를 선명하게 지각하지 못했으며 의식적으로 그것에 끌리지도 않았다.

이 새로운 경험은 그의 인생에 극적인 변화를 가져왔다. 그는 더 이상 친구들이나 친척들과의 외적 관계나 운동경기를 즐기지 않고 한적한 곳을 좋아하였다. 이미 그 전부터도 별 흥미가 없었던 학업에는 더 이상 아무런 관심도 보일 수 없었다. 그는 모든 일에 흥미를 잃었다. 새로운 성스러운 깨달음에 휩싸인 그는 완전히 다른 사람이 되어 버렸다. "나는 몸이다."라는 생각을 버린 그는 닻을 내릴 신성한 곳을 찾고 있었다. 그래서 그는 근처에 있던 미나크쉬 사원으로 갔다. 깨달음의 경험이 있기 전에 간혹 친구들과 함께 들르기도 하였지만 그러나 그 이후부터는 매일 저녁 그곳으로 갔으며, 쉬바신이나 미낙쉬, 나타라자, 혹은 63인의 성자 상 앞에서 꼼짝 않고 오랫동안 혼자 서 있곤 하였다. 그곳에 서 있으면 감동의 물결이 그를 압도하곤 하였다.

집으로의 여정

깨달음이 있은 지 2개월 후, 마침내 운명의 날이 찾아왔다. 영어 문법

과제를 하고 있던 벤카타라만은, 갑자기 모든 것이 무의미한 일이란 생각이 들어, 종이를 옆으로 치워놓고 책상다리를 하고 앉아 나인 영 속에, 그를 만들고 있는 힘 혹은 흐름에 몰입하였다. 평소 형, 나가스와미는 이런 동생의 모습을 볼 때마다 '성자' 혹은 '요기'라고 부르면서 옛날 리쉬(현자)들처럼 정글로 들어가는 것이 좋겠다며 자주 놀리곤 하였다. 그 날도 곁에 앉아있던 형이 또 이런 모습을 보고는 "이런 애에게 영어 문법이 무슨 소용이란 말인가?"하며 질책했다. 그 말의 의미는 분명했다. 사두(고행자, 수행자)처럼 살기를 원하는 사람은 가정생활의 즐거움을 즐길 권리가 없다는 것이었다. 이 말을 들은 벤카타라만은 그 말이 주는 진정한 의미를 깨닫게 되었다. 그는 형에게 학교에 가서 전기과목 보충 수업을 받아야 한다고 말하면서 일어나 집을 떠날 채비를 하였다. 그가 갈곳은 티루반나말라이에 있는 아루나찰라산이었다. 그의 형은 벤카타라만의 여비에 보태는 일이 될 줄은 꿈에도 모른 채, 가는 길에 아래층의 상자에서 5루피를 꺼내다 자신의 대학등록금을 내달라고 부탁했다. 아래층으로 내려온 벤카타라만은 낡은 지도를 보고 티루반나말라이까지 가는데 3루피면 족하다고 생각되어 2루피는 남겨 놓고 낡은 지도를 통해 티루반나말라이로 가는 가장 가까운 역을 보아 두었다. 그것은 틴디바남이었다. 실은 얼마 전, 아루나찰라산이 위치한 티루반나말라이로 직접 가는 노선이 신설된 터였지만, 벤카타라만은 그것을 알지 못했다. 그는 다음과 같은 쪽지를 남기고 떠났다.

"저는 아버지의 명에 따라, 아버지를 찾아 여기를 떠납니다. 이것은 고결한 모험을 하려고 떠납니다. 그러므로 아무도 이 행동에 대해 슬퍼할 필요가 없습니다. 이것을 찾아내기 위해 돈을 쓸 필요는 없습니다. 형의 등록금은 아직 내지 못했습니다. 여기에 2루피가 동봉되어 있습니다."

여기서 맨 앞 문장에서 저로 되어 있던 것이 뒷 문장에서는 이것으로 바뀌어져 있고 다시 마지막 사인을 해야 할 부분에는 그냥 줄만 그어져 있다. 벤카타라만에게는 이미 사인을 할 '나'가 남아 있지 않았던 것이다. 이때가 1896년 8월 29일이었다.

절대자는 벤카타라만이 집을 찾아가는 여정을 안내하고 있었다. 기차역에 도착한 그는 요금 표에서 재빨리 틴디바남을 찾아냈다. 조금만 더 주의 깊게 보았더라면 티루반나말라이를 발견할 수 있었을 테지만, 기차시간에 맞춰 서두르느라 그에겐 여유가 없었다. 기차표를 구입해 플랫폼으로 뛰어간 그는 아직 기차가 들어오지 않았음을 알고 안도의 한숨을 내쉬었다. 기차에 올라탄 그는 승객들 사이에서 조용히 앉아 깊은 명상에 잠겼다. 기차가 몇 개의 역을 지나자, 그의 곁에 앉아 있던 수염을 기른 이슬람교도가 그에게 어디로 가느냐고 물어왔다. 그와 몇 마디 나누면서 벤카타라만은 티루반나말라이의 접경인 빌루푸람(Villupuram)역에서 기차를 갈아탈 수 있다는 것을 알게 되었다.

다음날 새벽 3시에, 그는 빌루푸람역에 도착했으며 아침이 되자 그는 읍내로 들어가 티루반나말라이로 가는 길을 찾았다. 그곳이 걸어서 갈 수 있는 거리라고 생각했던 것이었다. 결국 길을 찾는 데 실패를 하고, 지치고 굶주린 그는 근처 식당 앞에 앉아 문이 열리는 정오를 기다렸다. 식사를 마친 후, 돈을 지불하였지만, 그의 아름다운 용모, 지성으로 빛나는 얼굴 및 사마디(명상자와 명상 대상, 생각하는 자와 생각이 마음의 완벽한 몰입으로 하나가 된 상태)에 열중한 모습에 경탄하여 돈을 받지 않았다. 다시 기차역으로 돌아가 남은 돈을 세어보니 그가 가진 돈으로는 맘발라파투까지 갈 수 있었다. 그래서 맘발라파투로 가는 기차표를 샀다. 그날 오후, 맘발라파투에 도착한 그는 철로를 따라 30마일이나 떨어진 목적지인, 티루반나말라이를 향해 걷기 시작했다. 그렇게 11마일을 걸어가자 티루코일루르라는 마을이 나왔다. 해가 저물었는데, 마침 그의 앞에 큰 바위 위에 지어진 아라야니나루르라는 오래된 사원이 나왔다. 그곳은 천년 전, 갸나 삼반다라는 위대한 성인이 성스러운 산 아루나찰라를 처음 본 곳이기도 하였다.

벤카타라만은 뙤약볕 아래 오랜 시간을 걸었기 때문에 지쳐서 사원 바깥에 앉아서 쉬고 있었다. 그때 한 스와미('주님', 영적 스승을 존경하기 위하여 사용하는 말)가 푸자(Puja:의식, 예배)를 드리기 위해 문을 활짝 열었다. 그는 사원에 들어가서 기둥으로 떠받쳐진 홀에 앉았는데, 그리 어둡지는 않았다. 순간 밝은 광채가 온 사원에 퍼져 있는 것을 보았다. 그것이 안쪽의 지성소에 있는 신상으로부터 나오는 것임에 틀림없다고 생각하고 그곳으로 가보았지만 그렇지 않았다. 그것은 어떤 물리적 근원에서 나오는 빛이 아니었다. 그래서 그는 다시 명상하기 위해 앉았다. 그가 만타팜에 앉아 있는 동안, 먼저 신 아루나찰레스와라가 먼저 빛의 모습으로 다가오다가 나중에는 갸나 삼반다의 모습으로 그에게 나타났다. 그러나 그 당시에 그는 자신이 페리아푸라남에 나오는 63인의 성자 중 한 분인 삼반다의 상 곁에 앉아 있다는 것을 몰랐다.

명상에 잠겨 있는데, 사원의 요리사가 푸자(예배, 신에 경배)가 이제 끝났으므로 문을 잠글 시간이라고 하는 소리에 깨어났다. 배고프고 지친 벤카타라만은 사제에게 음식을 부탁하였지만, 거기에는 아무 것도 없다고 말하면서 그들이 가는 킬루르에 있는 사원으로 가면 음식을 얻을 수 있을 것이라고 말하였다. 요리사와 사제와 함께 그는 두 사원을 갈라놓고 있는 페나이야르 강을 건넜다.

킬루르에 있는 사원에 도착한 그는 또 다시 깊은 몰입상태에 잠겼다. 밤 9시에 푸자가 끝났다. 벤카타라만은 다시 음식을 청했다. 그러나 그의 몫은 없었다. 그의 뛰어난 용모와 경건한 태도에 감명을 받은 사원의 북치기가 자신의 몫을 그에게 주었다. 벤카타라만은 음식을 손에 든 채 지친 몸을 이끌고 사원 바깥의 좁은 시골길을 걸었다. 몇걸음 걷지 못하고 그는 음식을 떨어뜨리면서 길바닥에 실신하고 말았다. 사람들이 그의 주위에 몰려들어 걱정하는 말소리가 들렸다. 그는 다시 정신을 차리고 일어나 흩어진 밥알을 주워 모았다. 왜냐하면 그것은 사원의 프라사드(은총, 구루가 은총을 내릴 목적으로 주는 물건. 구루나 신에게 바친 후의 음식)이었기 때문이었다.

마투크리슈나 바가바타가 마침 그 무리들 중에 있었다. 그는 너무나 아름다운 용모를 갖춘 이 브라민 소년에게 감동을 받아, 먼 길을 가고 있는 소년의 애처로운 사정을 알고서 벤카타라만을 자신의 집으로 데려갔다. 다음날인 8월 31일 월요일은 고쿨라슈타미, 즉 슈리 크리슈나의 기념일이었다. 자애로운 이 부부는 그에게 음식을 충분히 대접하고 정오까지 머물러 있도록 하였다. 벤카타라만은 브람만 계급의 사내아이들이 몸에 지니는 루비 귀걸이를 하고 있었는데, 그것의 값어치가 20루피는 족히 되었다. 그때서야 자신의 귀걸이를 기억해 낸 그는 집주인에게 그것을 주며 목적지까지 기차표를 살 수 있도록 4루피를 빌려달라고 했다. 집주인은 그가 나중에 다시 귀걸이를 찾아갈 수 있도록 서로의 주소를 교환했다. 그리고 집주인은 슈리 크리슈나에게 푸자로 바쳤던 사탕을 봉지에 싸서 주었다. 순례자 벤카타라만은 다시 기차역으로 향했다. 티루반나말라이로 가는 기차는 다음날 아침에 떠나기 때문에, 그는 그날 밤을 기차역에서 보내야만 했다. 1896년 9월 1일 아침, 집을 떠난 지 사흘 만에 그는 마침내 목적지인 성스러운 아루나찰라 산이 있는 티루반나말라이 역에 도착했다.

합일의 희열

기쁨으로 두근거리는 가슴을 안고, 그는 가벼운 발걸음으로 단숨에 아루나찰레스와라 사원으로 향했다. 마치 그가 오기를 기다렸다는 듯, 사원의 세 큰 문을 포함한 모든 문들이 활짝 열려 있었으며, 안쪽에 있는 성소(聖所) 조차도 그러하였다. 성소에 홀로 들어가 빛의 링가인, 아루나찰레스와라 앞에 서자 격정이 소용돌이치면서 그는 링가를 껴안았다. "아버지의 명령으로 아버지에게 제가 왔습니다. 아버지의 뜻이 이루어졌습니다."라고 말함으로써 그의 도착을 고하였다. 벤카타라만은 자신의 아버지에 의해 받아들여졌다. 그러자 불길처럼 소용돌이치던 격정이 가라앉으면서 완전한 엑스터시 속에서 아버지와 하나가 되었다. 마침내 합일의 희열 속에서, 그의 여정은 끝을 맺었다.

사원을 나오자마자, 어떤 사람이 그에게 머리를 깎지 않겠느냐고 물었다. 그렇게 하는 것이 슈리 아루나찰라(아루나찰라 산의 인격화)가 바라는 것이라 생각하고는, 머리를 깎았다. 그곳은 아얀쿨람 저수지였다.

그리고 그는 아얀쿨람 저수지에 그가 갖고 있던 3루피가 조금 넘는 돈과 아직까지도 지니고 있었던 사탕봉지를 포함한 모든 소유물을 던져 버렸다. 그 후로 그는 평생 돈을 만진 적이 없었다. 브람만 계급을 상징하는 성스러운 끈도 던져버리고 그가 입고 있던 옷을 찢어 간단한 허리 가리개 하나를 만들어 걸쳤다. 자신이 알지도 못한 채 일어난 이러한 모든 포기의 행동을 마친 후, 그는 아루나찰레스와라 사원으로 되돌아왔다. 예로부터 머리를 깎은 후에는 목욕을 하여 몸을 정결히 해야 하는 관습이 있었다. 오랫동안 비가 오지 않았지만, 슈리 아루나찰라가 구름의 모습으로 다가왔다. 그가 사원에 가까이 가는 순간, 비가 오고 바람이 불어와 몹시 추웠다. 그래서 그는 가까이에 있는 집 베란다에서 비를 피했다. 한 밤중에 그 집안에 있던 사람이 나와 거리로 나 있던 문을 열어주었다. 그곳은 아루나찰레쉬바라 사원 가까이 있던 구루칼집이었다. 그래서 그는 사원 안으로 달려들어갔다. 그 이후에도 며칠 동안 비가 왔다. 사원에 들어가기 전에 목욕해야 한다는 것을 만족시키기 넘치는 비였다.

만타팜(Mantapam) 홀에 있은 지 이틀째, 침묵하고 있던 한 스와미가 친구와 더불어 그곳으로 왔다. 그는 침묵의 스와미였으며, 벤카타라만도 그랬다. 아무런 말도 인사도 없었다. 그는 몸짓으로 그의 친구에게 "나는 이 소년을 알지 못한다. 그러나 피곤해 보인다. 약간의 음식을 구해다 주어라."라고 말했다. 그래서 주석 쟁반에 담긴 밤과 오이 피클이 왔다. 매 밥알은 물들여 있었으며 지하실에는 시원한 물도 있었다. 신 아루나찰레스와라가 벤카타라만에게 준 첫 번째 빅샤(공물, 보시, 나눔)였다.

모든 의식을 마친 벤카타라만은 일 천 개의 기둥이 있는 만타팜 홀의 한쪽 구석에 앉아 사마디(명상자와 명상 대상, 사고하는 자와 사고가 마음의 완전한 몰입으로 하나가 된 상태)에 들었다.

그는 나를 발견한 환희에 완전히 잠겼으며 낮이 가고 밤이 오기를 반복해도, 사마디에서 깨어날 줄을 몰랐다. 몇 주 동안을 그는 말 한마디 없이 깊은 환희에 잠겨 있었다. 자기들과 비슷한 또래의 소년이, 마치 이 세상 사람이 아닌 듯 말없이 앉아 사마디에 빠진 것을 본 개구쟁이 아이들이 그에게 돌을 던지며 방해하기 시작했다. 그보다 몇 년 전에 티루반나말라이에 온 세샤드리 스와미가 이제 브라마나 스와미라고 불렸던 벤카타라만을 보호하기 시작했다. 아이들을 막아보려는 세샤드리 스와미의 노력도 허사로 돌아가기 일쑤였다. 오히려 그 반대의 효과가 나타났다. 그래서 브라마나 스와미는 일 천 개의 기둥이 있는 홀 아래의 지하 사원인 파탈라 링감으로 자리를 옮겼다.

어둡고 습한 이 지하실은 사람의 발길이 거의 드물었고, 일년 내내 햇빛이 들지 않는 곳으로 개미, 지네, 모기 등 온갖 해충이 우글거렸다.

이곳에서 외부 세계의 모든 것을 잊고 사마디에 몰입한 그에게는 이미 몸에 대한 의식도, 감각도 사라졌다. 벌레들이 그의 몸에 다가와서 허벅지와 발을 물어뜯어 상처에서 피가 흐르고, 나중에는 이것이 고름과 한데 엉겨서 뒤범벅이 되어 흘러내렸지만 그는 움직이지 않았다. 이때 물린 자국은 그가 생을 마감하는 날까지 남아 있었다.

그는 가장 강렬한 타파스(고행, 금욕)를 하고 있는 것처럼 보였다. 그러나 그는 타파스를 하고 있는 것은 아니었다. 그는 자신에게 필요 없었던 몸을 그냥 잊고 있었을 따름이었다. 그는 이미 지반묵타(이 세상에 살아있으면서 깨달음을 얻은 사람)였으며 씻어내야 할 아무런 카르마도, 얻어야 할 더 이상의 목표도 없었다.

지하실에서 지낸 약 두 달간은 지옥 그 자체였다. 그러나 참존재를 발견한 환희에 젖어든 그는 어떤 고통에도 꿈쩍하지 않았다. 눈에 보이는 것은 모두 무의미할 뿐이었다. 그러던 어느 날, 세샤드리 스와미가 우연히 지하실 앞을 지나다 아이들이 그곳에 돌을 던지는 걸 보았다. 아이들이 던진 돌은 구석에 앉아 있던 브라마나 스와미에게는 이르지 못하였다. 아이들을 쫓아내고 지하실로 들어선 그는 주변 환경에 아랑곳하지 않고 앉아 있는 한 스와미를 보고 경악하지 않을 수 없었다. 그는 즉시 사람들을 데리고 와서 브람만 스와미를 깨우려고 소리를 질렀으나 전혀 반응이 없었으며 몸을 흔들어도 마찬가지였다. 깊은 사마디에 들어 있다는 사실을 알고는 그들이 브람만 스와미의 몸을 다른 곳으로 옮기려고 안아들었을 때, 바닥의 흙과 뒤범벅이 된 브람만 스와미의 수많은 상처에서 피와 고름이 흘러내렸다.

어떻게 인간이 이렇게까지 몸을 망각한 깊은 사마디에 빠질 수 있는지 놀라면서 그를 들어서 지하실을 나와 근처의 수브라마니야 사원으로 옮겼다. 그는 여전히 눈을 감은 채 사마디에서 깨어나지 않아 도무지 음식을 먹을 생각을 하지 않았기 때문에, 가끔씩 입을 벌려 음식을 떠 먹여 주어야 했으며, 때로는 몇 주 동안 허리 가리개를 묶을 생각도 않고 지낼 때도 있었다. 몇 주가 흐른 뒤, 그는 사원 마당으로 자리를 옮겼고, 또 후에는 꽃밭, 바나나 나무의 숲 등에 있었다. 어떤 때는 사원의 축제 행사 때 쓰는 수레를 보관하는 곳에 있기도 하였다. 이곳저곳으로 자리를 옮기면서 사마디를 계속 했다.

브라마나 스와미가 일루팔 나무 아래에 앉아 있을 때 부는 바람은 너무 매섭기도 하였다. 서리가 그의 몸을 하얗게 뒤 덮기도 하였다. 그래서 그는 너무나 추워 두 팔로 가슴을 감싸기도 하였다. 두 팔이 그가 입은 유일의 옷이 된 것이다.

이렇게 거의 6개월 가까이, 그는 아루나찰레쉬바라 사원에 머물렀고, 그 동안 그의 깊은 사마디는 계속 되었다. 오가는 사람들은 그를 보고, "그는 마치 자다(jada:감각이 없는. 생명이 없는)처럼 앉아있다. 그는 미친 사람임에 틀림없다."라고 말하기도 하였다. 그는 이런 이야기를 즐겼으며 자신이 경험하고 있는 상태가 모든 사람에게 오기를 바랬다. 심지어 그는 사마디 중에 이동하기도 하여, 가끔씩 그가 눈을 뜰 때면, 자신이 어떻게 그 장소에 오게 되었는지 전혀 기억하지 못할 때도 있었다.

매월 11월이나 12월쯤 개최되는, 평화의 횃불을 담고 있는 아루나찰라산을 기리는 카르티가이 축제에 수천 명의 순례자들이 아루나찰라로 모여들곤 했다. 브라마나 스와미는 이 축제에 모인 순례자들로부터 관심과 존경을 받기 시작했다. 사람들은 그에게서 신과 일치된 성자를 보았던 것이다. 브라마나 스와미를 돌보던 사두가 사람들을 쫓아버리려 애를 썼으나 허사일 때가 많았다. 이렇듯 사람들이 구름처럼 몰려들어 사마디에 방해를 받자, 누군가 마을밖에 있는 구루무르탐 사원으로 자리를 옮기는 것이 좋겠다고 제안했다. 브라마나 스와미도 손짓으로 이것을 허락했다.

브라마나 스와미가 티루반나말라이에 도착한지 6개월 지난 1897년 2월, 그는 아루나찰레스와라 사원을 떠나 구루무르탐 사원으로 자리를 옮겼으며 그곳에서도 그의 생활은 달라진 것이 없었다.

그는 여전히 사원에 앉아 모든 정신과 감각을 성스런 것에 집중시켰다. 그는 하루 한 컵의 음식만을 먹었으며, 절대 말을 하지 않았다. 다른 이들은 그가 침묵의 맹세를 지키는 것이라 생각했으나, 그것은 사실이 아니었다. 그는 단지 말하거나 어떤 변화도 일으키려는 마음이 없었던 것이다. 그의 머리와 손톱은 제멋대로 자라났고, 그의 몸은 온갖 더러운 오물로 얼룩졌으며, 영양이 부족한 탓에 혼자서 일어나지도 못할 지경이 되었다. 그 무렵 바로 이곳, 구루무르탐 사원에서 그의 최초의 제자라 할 수 있는 팔라니스와미(Palaniswami)가 그를 찾아 왔다.

팔라니스와미는 원래 비나야카 신을 숭배하는 사람으로 하루 한끼 식사를 하고 있었다. 슈리니바사 아이어가 돌을 숭배하고 있는 그를 보고 "돌 스와미를 숭배하느라 평생을 보낸들 무슨 효과가 있겠는가?"라고 말했다. 그리고는 구루무르탐에 깊은 명상에 든 스와미가 있다고 일러주었다. 그를 찾아 구루무르탐 사원으로 와서 그를 처음 보는 순간 그가 자신을 구원해 줄 참스승이라는 느낌을 받았다. 그 이후로부터 팔라니스와미는 정오가 되면 꼭 한 컵의 식사를 그에게 올렸으며 그림자처럼 그를 따르며, 그 후로 21년간 자신의 여생을 바쳐 스승을 모셨다. 브라마나 스와미를 찾아오는 순례자와 구경꾼이 날로 늘어 이곳마저 소란해지자, 사원에 이웃한 망고과수원 주인이 자신의 과수원을 내주면서 그곳에 머물도록 했다. 1898년 5월, 구루무르탐에서 지낸 지 1년이 좀 넘어, 브라마나 스와미와 제자들은 과수원으로 거처를 옮겼다.

지금은 망고나무가 다 사라진 그 자리에, 벼를 키우는 논이 조성되어 있지만, 젊은 성자가 살던 곳의 성스런 기운은 지금까지도 전해지는 듯

하다.

벤카타라만이 과수원으로 거처를 옮겼을 무렵, 마두라이의 숙부가 운명했다. 숙부의 장례식에서 가족들은 집을 나간 벤카타라만이 티루반나말라이에서 존경받는 스와미가 되었다는 소문을 들었다. 어머니 아라가말은 시동생 넬리아파 아이어에게, 가서 아들을 데려오도록 부탁하였다. 친구와 함께 티루반나말라이에 도착한 넬리아파 아이어는, 자신의 조카가 높은 영적 경지에 들었음을 감탄했으나, 형편없는 고행자의 모습을 하고 있는 것을 보고 충격을 받았다. 그는 조카에게 친척들이 그의 고행 생활을 방해하지 않을 테니 제발 자기와 함께 집으로 돌아가자고 사정했으나 브라마나 스와미는 끝내 입을 열지 않았고 아무런 반응도 보이지 않았다. 이에 넬리아파는 설득을 포기하고 집으로 돌아가서 이 소식을 아라가말에게 전했다.

그 후, 망고과수원에서의 평온한 6개월이 지났다. 그러나 이제 망고숲은 더 이상 편리하지 못했다. 어느 날 저녁 음식을 구하러 떠나면서 아루나기리나타르 사원으로 자리를 옮기겠다고 말했다. 제자 팔라니스와미가 그를 따라 나서겠다고 고집을 부렸다.

그래서 이 사원에서 한 달, 그리고 아루나찰레스와라 사원에서 또 한 달을 보낸 뒤, 그는 아루나찰라 산의 동쪽 봉우리인 파발라쿤루로 올라갔다. 그는 이곳에 있는 작은 사원에 앉아, 또 다시 참존재가 주는 깊은 희열의 사마디에 빠졌다.

　1898년 말, 바로 이곳에서 어머니 아라가말은 아들을 발견했다. 아들이 앉아있는 곳까지 계단을 따라 올라간 어머니는, 아들의 여윈 몸과 헝클어진 머리에도 불구하고 한 눈에 그를 알아보았다. 애처러운 자식의 모습을 보고서 어머니로서의 자식에 대한 사랑으로 눈물이 쏟아져 내렸다. 어머니는 그곳에서 날이면 날마다 아들에게 돌아가자고 애원하고 간청하였다. 심지어 호통을 치기도 했지만, 아들은 꼼짝 않고 앉아있기만 했다. 마침내 어머니는 마지막 방법으로 그를 따르는 헌신자들에게 눈물을 흘리며 호소하였다.

　결국 벤카타라만은 종이에 다음과 같이 썼다. "영혼의 운명은 각자의 프라랍다 카르마(현생에 일어나는 카르마의 결과, 업)에 따라 그분에 의해 다스려집니다. 일어나지 않도록 운명 지어진 것은 어머니께서 아무리 노력하여도 일어나지 않을 것입니다. 일어날 운명인 것은 아무리 막으려 해도 결국 일어나고 말 것입니다. 이것은 분명한 사실입니다. 그러므로 가장 좋은 방법은 침묵에 머무는 것입니다." 결국 어머니는 그의 굳은 결심을 확인하고 자신의 운명을 받아들일 수밖에 없었다. 그래서 어머니는 발길을 돌렸다.

비루팍샤 케이브

어머니가 떠난 뒤 얼마 지나지 않아, 브라마나 스와미는 아루나찰라 산 윗쪽으로 올라갔다. 그 후로 1922년까지, 그는 주변 사정에 따라 산의 여러 동굴을 전전했다. 처음에는 슈리 아루나찰라 산의 동남쪽에 있는 삿구루 스와미가 머물렀던 동굴에 지냈으며, 이 동굴은 나중에 아라마라투 구하이라 불렀다. 거기에서 그는 더 윗 쪽에 있는 구후 나마쉬바야 동굴에서 짧은 기간 동안 지내기도 하였다. 그는 마침내 비루팍샤 동굴에 왔다. 거기에서 1916년까지 머물렀다.

그 동굴은 신성한 소리 옴(신성한 음절, 지고의 만트라, 우주의 바탕이 되는 창조 에너지의 근원적 소리)형상을 하고 있었다. 13세기에 살았던 성자 비루팍샤의 유적을 간직하여, 그의 이름을 따서 지어진 이 동굴 옆에는 작은 시내가 흐르고 있었는데, 불행히도 여름철에는 동굴이 너무 뜨거워지고 시냇물은 말라버리곤 했다. 그래서 브라마나 스와미와 제자들은, 여름철에는 보다 시원하고 주변에 물도 풍부한 망고나무 동굴로 거처를 옮기곤 했다.

어느 날 비루팍샤 동굴로 돌아오면서, 그는 그의 두 번째 죽음의 경험이라고 부를 수 있는 것을 만났다. 이번에 그것은 죽음의 공포가 아니라 실로 죽음 그 자체였는데 이것에 대해 그는 다음과 같이 말하였다.

"갑자기 내 앞의 모든 것이 사라지고 하얀 천 같은 것으로 가려졌다. 하나가 사라지면 다른 것이 나타나곤 하다가 나중에는 사라지는 것과 나타나는 것이 동시에 내 앞에 나타났다. 하얀 천으로 눈앞의 광경이 완전히 사라지면 나는 걸음을 멈추었다. 하얀 천이 사라지면 나는 다시 걷기 시작했다. 이러한 것이 두 번 일어났다. 나는 점점 몸을 지탱할 수 없게 되었다. 그래서 나는 버티기 위해서 거북 모양의 바위에 기대었다. 그것이 세 번째 일어났을 때 나는 바위 위에 앉았다. 내 주위가 온통 하얀 천이었다. 현기증이 났다. 혈액 순환과 심장 박동이 멈추었고 나의 몸이 검어지기 시작했다. 그래서 몸은 마치 시체와 같이 되어버렸다. 그러한 현상이 더 깊어졌을 때, 시중들고 있었던 바수(Basu)는 내가 정말로 죽은 줄 알고 나를 껴안고 울기 시작했다. 내 몸의 색깔이 변하는 것, 바수가 날 안는 것, 그의 몸이 떨리는 것, 그리고 내 주위의 사람들이 말하는 것 모두 느끼고 있었으며, 또한 나의 손과 발이 식어가며 나의 심장 박동이 멈추는 것을 인식하고 있었으나 나의 내부에는 전혀 공포가 없었다. 나는 뚜렷하게 이 모든 것을 자각하고 있었으며 나의 몸의 상태에 대하여 별로 걱정을 하지 않았다. 그 순간 갑자기 에너지가 내 온 몸에 퍼졌으며 혈액의 순환과 심장의 박동이 다시 시작되었다."

이 두 번째의 죽음의 경험으로 인해, 비록 그의 내면적 신성에는 어떠한 변화도 없었지만, 그는 이제까지의 방관자적 관점에서 인류를 위한 영적 봉사의 새로운 국면으로 변화하였으며, 오랜 자발적인 침묵으로부터 점차적으로 벗어나게 된다. 이제 그에게는 아무런 욕망도 남아 있지 않았다. 자신을 정화하여 신성과 완전히 하나가 된 그가 몸을 가지고 이 세상에 남아 있는 것은, 오직 다른 사람들을 위해서였다.

그는 사람들이 어떤 문제를 가지고 자신을 찾아오면 그냥 고요히 앉아서 그 사람을 바라보았다. 어떤 때는 몇 시간이고 조용히 앉아서 그윽한 연민의 눈길을 보내기만 하였다. 그러면 그를 찾아왔던 사람들은 형언할 수 없는 축복에 휩싸이고, 자신의 내부에서 그 동안 쌓여왔던 모든 것이 녹아내리는 걸 느끼면서, 울음을 터뜨리거나 그의 발 밑에 엎드리는 경우가 대부분이었다.

그것은 침묵의 가르침이었다. 이 침묵의 가르침은 글이나 말을 통한 어떤 가르침보다도 훨씬 확실하고 강렬하였다. 글이나 말을 통하면 제한되어버리고 왜곡되어버리는 진리가 침묵 속에서는 원형 그대로 보존되면서 전해질 수 있었다. 그에게는 침묵의 힘이 있었으며 그의 가장 위대한 가르침은 바로 이 침묵에 있었다. 사람들이 그의 앞에 앉아 있기만 해도 방황하던 마음은 고요해졌고, 오랫동안 갈구해왔던 영적 체험이 일어났다. 때로는 브라마나 스와미는 제자들에게 지시나 설명을 하기 위해 종종 글을 써 주곤 했으므로, 침묵 때문에 제자들의 영적 수행이 곤란한 적은 없었다. 그는 영적으로 준비되어 있는 제자들에게는 침묵을 통해서 그의 내면을 직접적으로 전하고, 그 침묵을 이해하지 못하는 사람들에게는 글을 쓰거나 말을 해서 가르침을 주었다.

1900년, 브라마나 스와미가 아루나찰라에 오른 뒤 처음으로 그의 사진이 촬영되었다. 이 사진 속에서 그는 아름답고 어린아이와 같은 용모의 젊은이이지만, 동시에 성자로서의 완연한 빛을 발하고 있었다.

아루나찰라에서 지낸 초창기, 그는 계속해서 침묵을 지켰으며 이곳저곳으로 옮겨 다녔으나 그가 뿜어내는 광채는 그의 주변에 이미 상당한 수의 제자가 모여들게 하여 자연스레 아쉬람(수행 공동체, 영적 스승이 살고 있는 곳)이 형성되었다. 그의 희열의 나에서 나오는 광채, 그의 현존 그리고 그의 바라봄은 사람을 변화시켜 영적 열정에 젖어들게 하였다. 그러나 아직도 암중모색하고 있는 영혼들에 대한 자비로 그는 그들이 던진 질문의 답을 종이 쪽지에 내려놓기 시작하였다.

1902년, 공무 차 티루반나말라이에 들른 쉬바프라카삼 필라이가 이 젊은 성자에 대해 우연히 듣게 되었다. 그 즉시 산을 올라 브라마나 스와미를 만난 그는, 처음 보자마자 이 스와미에게 사로잡혔다.

그는 14가지 질문을 던졌고, 브라마나 스와미는 여전히 침묵 중이었으므로 질문과 답은 모두 글로 전해졌다. 이때 주고받은 문답이 후에 "나는 누구인가?"라는 책으로 엮어져 세상에 알려지게 된다. 라마나의 초기 가르침을 담은 이 작은 책은, 그가 세상에 전한 가르침의 정수를 모두 담고 있다.

그러나 브라마나 스와미의 제자 중 가장 뛰어났던 사람은 위대한 학자이자 시인이었던 가나파티 무니였다.

어릴 때부터 신동으로 이름났던 그는 놀라운 기억력과 무한한 능력을 지닌 동시에, 정직하고 마음이 따뜻하며, 신앙심이 깊은 사람으로서, 누구든 그의 앞에 있기만 해도 존경심이 우러나는 인물이었다. 1903년, 당시 25세의 젊은이였던 그는 티루반나말라이가 고행하기에 적합한 장소라고 생각하여 이주를 했다. 그러나 1907년경에 이르자, 회의가 물밀듯 밀려왔다. 어느 더운 날 오후, 몹시 흥분한 그는 산을 올라 브라마나 스와미를 찾았다. 브라마나 스와미의 발아래 이른 그는 격정에 차 떨리는 목소리로 이렇게 말했다.

"저는 이 세상 모든 책을 다 읽었습니다. 심지어 베단타(우파니샤드, 브라마 수트라 그리고 바가바드 기타에서 확인된 절대적 참진리, 베다의 끝 혹은 완성) 샤스트라(지식이나 과학의 곁가지)까지도 완벽히 이해했습니다. 또 최선을 다해 자파(신성한 단어, 음절 혹은 신의 이름을 반복하는 것)를 행했습니다. 하지만 아직까지도 저는 타파스가 뭔지 모르겠습니다. 그래서 이렇게 당신의 발아래 도움을 청하고자 합니다. 저를 깨우쳐 타파스가 뭔지 가르쳐 주십시오." 브라마나 스와미는 조용한 눈빛으로 그를 15분간 쳐다보았다. 그리고는 이렇게 답했다. "'나'라는 인식이 어디서 일어나는지를 관찰하면, 그때 마음은 그것(That:규정할 수 없는 실재, 신, 나)에 흡수된다. 이것이 타파스니라. 만트라(성스러운 말)를 반복할 때, 만트라의 소리가 나오는 근원을 관찰하면, 마음은 그것(That)에 흡수된다. 이것이 바로 타파스니라."

이에 가나파티 무니의 의심은 눈 녹듯이 사라졌다. 그것은 단순히 브라마나 스와미의 말씀에 의해서라기보다 그에게서 분출되는 은총과 연민의 힘 때문이었다. 스와미로부터 나오는 자비의 힘에 압도된 그의 마음은 말할 수 없는 기쁨으로 가득 찼다. 그는 브라마나 스와미를 위한 산스크리트 시를 지었다. 팔라니 스와미로부터 브라마나 스와미의 원래의 이름이 벤카타라만이라는 것을 알고, 모든 사람들에게 브라마나 스와미를 '바가반 슈리 라마나 마하리쉬'로 부르자고 제안하였다. '바가반'은 '전능하신 신'을, '슈리'는 '스승'이라는 의미이다. 브라마나 스와미의 원래의 이름인 벤카타라만을 줄여 '나 속에 즐겁게 있는 자'라는 의미인 라마나로, '마하리쉬'는 보통 현자인 리쉬가 아니라 베다 시대의 비야사와 같은 현자라는 의미에서 마하리쉬라 하자고 하였다. 이때부터 브라마나 스와미로 불리웠던 벤카타라만은 '라마나' 또는 '마하리쉬'로 널리 알려지게 되었다. 그러나 제자들 사이에선 '바가반'이 가장 일반적인 호칭으로 쓰였다.

가나파티의 도움으로 브라마나 스와미의 아쉬람을 찾은 최초의 서양인은 F. H. 험프리라는 영국 경찰관리였다. 그는 영국에 있는 친구에게로 보내는 편지에서 이 신비한 침묵의 힘을 이렇게 썼다.

"동굴에 이르러 우리는 아무 말도 하지 않고 그의 발아래 앉아 있기만 했다. 그렇게 아주 오랜 시간 앉아 있었는데, 내 자신으로부터 내가 빠져 나오는 느낌이었다. 나는 약 30분간 마하리쉬의 눈을 들여다보았으나, 그 깊은 응시의 눈빛은 변함이 없었다. 나는 그의 육체가 인간의 것이 아니라 신의 도구임을 느낄 수 있었다. 움직임 없이 앉아 있는 그의 육신으로부터 신의 빛이 발하고 있었다. 그때 나의 느낌은 어떻게 형용할 수 없었다."

슈리 바가반의 은총은 구도자의 가슴에만 도움이 된 것이 아니었다. 보통 사람, 아이들 심지어 동물들까지도 슈리 바가반에게 어쩔 수 없이 끌렸다. 읍에 살고 있던 아이들도 비루팍샤 동굴로 와서, 슈리 바가반 주위에 앉아 즐겁게 놀았으며 행복감으로 충족되어 돌아갔다. 몸이 몹시 아픈 채 아들을 찾아왔던 어머니 아라가말을 위해 슈리 아루나찰라에게 슈리 바가반이 기도하자 깨끗이 났기도 하였다.

1916년, 라마나의 어머니 아라가말이 여생을 아들과 함께 보낼 작정으로 아루나찰라에 찾아왔다. 그녀는 장남을 잃었고, 막내며느리 또한 어린 아들을 남기고 죽은 터였다. 막내아들 나가순다람은 아가멜루에 사는 아이 없는 누이에게 어린 아들을 맡기고, 어머니와 함께 성자가 된

형을 찾아 수행의 길에 나섰다.

스칸다 아쉬람

어머니가 온 지 얼마 후, 라마나는 비루팍샤 동굴에서 보다 위쪽으로 옮겼다. 슈리 아루나찰라의 동남쪽 기슭에 나무들이 무성한 곳이 있었는데, 제자 칸다스와미가 이곳에 아쉬람을 짓자고 슈리 바가반에게 간청하여 허락을 얻었다. 그래서 칸다스와미는 숲이 무성하던 곳을 망고와 코코넛 나무가 있는 아쉬람으로 변화시켰다. 슈리 바가반은 누구의 도움도 없이 혼자 수고를 아끼지 않은 제자의 이름을 따 스칸다아쉬람이라는 이름을 붙였다. 타밀어 칸다는 스칸다였다.

이후 슈리 바가반은 스칸다 아쉬람으로 거처를 옮겨 1916년부터 1922년까지 그곳에서 살았다. 이 기간 동안에 많은 제자들이 와서 그와 함께 아쉬람에 머물렀으며 점차 어머니는 슈리 바가반의 헌신자들을 위하여 아쉬람의 부엌일을 맡았다.

그의 어머니는 나머지 생애 동안 슈리 바가반에게 먼저 음식을 올리지 않고는 자신의 음식을 결코 먹지 않는 깊은 헌신을 아들에게 드러내기 시작하였다.

슈리 바가반은 어머니를 보살피면서 세상의 삶을 벗어난 영적인 삶을 살도록 도움을 주기 시작하였다. 아들은 이제 어머니의 눈에도 성스런 존재로 비쳤다. 스칸다 아쉬람에서의 생애 마지막 몇 년 간, 그녀는 자신의 구원이 전적으로 아들에게 달려 있다는 사실을 직관적으로 깨달았으며 아들이 그녀에게는 유일한 피난처였다. 그녀는 마지막 순간 아들과 떨어져 있는 것이 두려워, 단 하루라도 아들과 떨어져 있기를 거부했다. 그녀는 "네가 내 시신을 가시덤불에 던져 버린다 해도 상관하지 않겠다. 다만 네 품안에서 날 죽게 해 주렴."하고 말했다. 그리고 1922년 5월 19일, 운명의 날, 그녀는 소원대로 아들의 품안에 있었다. 그리고 아들의 특별한 손길 아래 그녀는 마지막 숨을 거두기 직전, 비로소 완벽한 사마디의 경지에 이를 수 있었다.

〈스칸다 아쉬람〉에서 어머니의 마지막 순간을 목격한 〈슈리 쿤주 스와미〉의 말이다.

"그 날 새벽 5시부터, 오늘이 어머니의 마지막 날이라는 전조가 보였어요. 바가반은 어머니 곁에 앉아 한 손은 가슴에, 한 손은 머리에 얹고 있었죠. 바가반은 제자들에게 나가서 식사를 하라고 일렀어요. 정통 힌두교에서는 사람이 죽은 집에서 음식을 먹는 것은 불결하다고 여기고 있었거든요. 일부 정통파 신자들은 나가서 식사를 했지만 바가반과 특히 가까웠던 제자들은 어머니 곁을 떠날 줄 몰랐습니다. 바가반께서는 어머니 곁에 앉아서 계속 손을 얹고 있었어요. 순간 어머니의 얼굴에서 기쁨과 슬픔의 표정이 교차했는데, 바가반께서 이제 어머니께서 이 세상 속에 있지 않으시며, 수많은 탄생과 종말의 다양한 경험을 마치고 다른 세상 속에 있다고 말씀하셨죠. 가나파티 무니, 순다레사 아이어를 비롯한 제자들이 어머니 곁에서 베다를 봉송했고 또 다른 한편에서는 사라나가티 라마스와미와 펀잡인이 라마자파를 암송하기 시작했어요. 우리도 함께 악샤라마나말라와 아루나찰라 쉬바를 암송했지요. 노래 소리가 크게 울려 퍼지는 가운데 어머니의 영혼은 육신을 떠났습니다. 그래도 바가반께서는 계속 손을 얹고 있었는데, 우리가 그 이유를 궁금해 하자 바가반께서 대답하시길 '예전에 팔라니 스와미의 임종 때도 나는 이렇게 하였는데, 그때 나는 영혼이 이제 참가슴에 가라앉았으리라 생각하여 내 손을 치웠다. 그러자 그가 눈을 떴고 그의 생명의 힘이 눈을 통해 빠져나가 버렸기에, 그래서 이번에는 확실히 하기 위해서 보다 오래 손을 얹고 있는 것이다.' 저는 그 날 바가반으로부터 그 중요한 비밀을 알게 된 것이죠. 그가 마침내 자리에서 일어서자 우린 모두 식사를 했어요. 식사를 마치고 우린 다시 어머니의 시신 곁에 모여 앉았죠. 가나파티 무니께서 여자가 깨달음을 얻는 것이 가능하냐는 질문을 던졌고 바가반께서는 깨달음은 육체의 성별과 관련이 없다고 대답하셨죠.. 그래서 우린 어머니의 영혼이 해방되었음을 알고 모두 기뻐했습니다. 실제로 어머니의 얼굴과 육신에선 빛이 뿜어져 나오는 듯 했어요."

슈리 라마나스라맘

어머니의 시신은 산 남쪽 기슭으로 옮겨져, 그곳에서 해방된 영혼인 갸니(깨달은 자)에 행해지는 엄숙한 예식을 치른 후 묻혔다. 어머니의 무덤 곁에는 작은 사원이 세워졌고 마하리쉬는 그곳에 매일같이 들렀다. 마하리쉬의 동생이 이 사원에 아예 기거하기 시작했고, 몇 달 후, 마하리쉬도 이곳으로 내려와 정착했다. 스칸다 아쉬람의 제자들도 모두 그를 따라 내려왔고, 그리하여 형성된 것이 슈리 라마나스라맘이다.

처음엔 어머니의 무덤 곁에 세워진 허름한 초가 오두막이 전부였다. 그러나 인도에서는 물론 해외에서까지 순례자와 제자들이 모여들자 이들을 수용하기 위한 건물이 들어서기 시작했다. 마하리쉬가 기거하기 위한 약 50평 정도의 홀이 세워졌다. 그가 소박한 것을 선호했음에도 불구하고, 제자들은 이곳에 그를 앉히기 위한 긴 의자 하나를 강제로 들여놓았다. 그 후로 이곳은 그가 하루 24시간 기거하는 곳이 되었다.

마하리쉬는 매일 규칙적인 일정에 따라 생활했는데, 그 중엔 하루 두 번 산책도 포함돼 있었다. 이때 그는 자신이 사랑하는 아루나찰라 산을 오르곤 했다. 이 세상에 그가 집착하는 단 하나가 있다면 그것은 바로 아루나찰라 산이었다. 그는 이 산을 사랑했고, 이 산이 바로 신(神)이며, 이 세상의 가슴, 혹은 영적 중심이라고 말했다. 아루나찰라의 산기슭을 돌아다닐 때 그는 가장 행복해 보였으며, 그의 발길이 닿지 않은 곳이 아루나찰라 산에서 아무 데도 없었다. 그는 제자들에게도 8마일에 이르는 산 주위를 산책할 것을 권유하였는데 이렇게 아루나찰라를 도는 것을 기리프라닥쉬나라 하며, 이것은 고대로부터 내려오는 매우 중요한 영적 수행의 하나였다. '프라(pra)'는 모든 죄의 없앰을, '다(da)'는 갈망의 충족을, '크쉬(kshi)'는 환생으로부터 자유를, '나(na)'는 나 지식으로 해방을 주는 이라는 의미이다.

대개의 경우, 마하리쉬는 주변의 돌아가는 일에 무관심하였으며, 지켜보는 자로 있었다. 그럼에도 불구하고 그는 특정한 일에 대해서는 매우 특별한 관심을 보였다. 무엇보다도 그는, 모든 방문객과 제자들이 자신을 언제든 만날 수 있어야 한다고 주장했다. 심지어 그에게 일어설 힘조차 남아있지 않은 마지막 날까지도, 이 원칙은 이어졌다. 그는 사람들이 자신을 만나지 못하는 일이 있어서는 안 된다고 강조하곤 했다. 또한 그는 모든 방문객들에게 도착과 동시에 식사를 대접해야 하며, 이들의 식사는 잘 요리된, 영양가 있는 음식이어야 한다고 강조했다. 그는 여러 해 동안 주방 일에 직접 참여하기도 했다. 마하리쉬는 음식이나 안락

함에 있어 자신이 특별한 대접을 받는 것을 거부했다. 누군가 특별한 음식이나 보약을 가져오기라도 하면 그는, "나에게 좋은 것은 모두에게도 좋은 것이다."라고 말하면서, 곁에 있는 모든 이들에게 나누어 준 후에야 자신도 그것을 취했다.

그는 성별이나 신분(카스트), 인종과 종교에 따라 사람을 차별하는 일이 결코 없었다. 왕자건 농민이건 그에겐 아무런 차이가 없었다. 그의 이러한 평등한 태도는 인간에게만 해당되는 것이 아니라 심지어 동물과 식물에게까지도 마찬가지였다.

동물에 대한 그의 각별한 사랑은 저 유명한 아시시의 프란시스코 성인에게나 견줄 수 있는 것이었다. 동물들은 늘 그를 따랐다. 개, 원숭이, 뱀, 까마귀, 사슴, 공작새, 소 등… 무엇 할 것 없이 이들의 무언(無言)의 언어는 마하리쉬에게 전달되었고, 그가 말할 때면 동물들이 알아듣고 순종하였다. 그는 원숭이들의 다툼을 중재하기도 했고 표범이나 코브라의 말을 할 줄도 알았다. 동물세계 전체가 그를 지도자이자 보호자로 받아들였다. 모든 동물이 그의 자비를 느꼈고, 그 앞에서는 지능을 갖춘 것처럼 행동했다. 그는 모든 살아있는 생물을 평등하게 취급하였으며 그를 찾아오는 것이 무엇이든 라마나스라맘의 땅과 자원을 동등하게 분배하였다. 그는 이것이 처음부터 동물들의 영토였으며 우리 인간이 그것을 차지했을 뿐, 만일 동물들이 말을 할 줄 안다면, 그들 역시 자신의 권리를 주장할 것이라고 말했다. 그는 인간에서부터 미세한 벌레에 이르기까지 불멸의 지고의 존재인 '나'가 동등하게 구현된 것이라 생각했다. 그리고 심지어 동물조차도, 드문 경우지만 영적 성장을 거듭하여 해방에 이를 수 있다고 믿었다.

이것을 분명히 드러내주는 예가 바로 암소 락슈미의 경우였다. 락슈미는 20년 이상 아쉬람에 살면서 바가반에게 보기 드문 충성을 바쳤고, 모든 일에 지혜로움을 보였다. 바가반은 이러한 락슈미의 충성에 충분히 보답했고, 이 암소가 생을 마감하는 날, 그에게로 가까이 다가가 "암마(어머니), 내가 가까이 있기를 원하느냐?"라고 물은 후, 락슈미 곁에 앉아 자신의 무릎에 암소의 머리를 뉘였다. 그는 락슈미의 눈을 들여다보면서, 한 손은 머리에, 한 손은 가슴에 놓았다. 자신의 뺨을 락슈미의 뺨에 대고 있던 그는, 이 암소의 마음이 순수하며 신을 향해 있다는 것을 알고는 그 자리를 떠났다. 그리고 얼마 후, 암소는 육신을 평화롭게 떠났다. 락슈미의 장례는 성대하게 치러졌으며, 이 암소의 생을 기록한 묘비도 세워졌다. 그리고 바가반은 직접 묘비명에 쓰기를 락슈미가 생의 마지막 날, 해방에 이르렀다고 했다.

마하리쉬는 늘 깔끔하고 정갈했다. 그는 매사에 시간을 정확히 지켰으며 어느 행동 하나 헛되이 하는 법이 없었다. 그는 아쉬람의 그 무엇도 낭비하지 않았다. 때로는 그가 아쉬람 마당에 떨어진 곡식 한 톨을 주워 제자리에 갖다 놓는 모습도 종종 목격할 수 있었다. 그는 무슨 일을 하던 간에 모든 정신을 집중하여 행하였고, 그 누구도 따라갈 수 없을 만큼 빠르고 정확하게 해냈다. 그에게 쏟아진 많은 이들의 관심도 그에게 영향을 주진 못했다. 그는 그 누구로부터 그 무엇도 바라지 않았다. 그는 지고의 '나'가 가져오는 태초의 충만함에 늘 만족하고 있었다. 인간적인 면에서 볼 때, 그의 성격은 완벽함에 가까웠지만, 그의 가장 뛰어난 면은 인간적인 것에 있지 않고 성스러운 것에 있었다. 전 세계의 수많은 사람을 변화시키는 그의 힘은, 마치 신이 이 세상에 내려온 것 같은 느낌을 주는, 그의 존재에 있었다. 그의 앞에 있기만 해도, 그의 침묵의 힘에 이끌려 많은 이들의 고통 받은 마음이 달래지고, 보다 성숙한 영혼들은 영적 성취단계인 나 깨달음으로 이끌어졌다.

라마나에 대해서 특별한 경험을 하였던 한 구도자 라마니 라자고팔 아말은 말하였다.

"바가반의 눈길은 정말 마술 같았어요. 그 분의 눈을 들여다보기만 해도 사마디에 빠질 수 있었죠. 그 홀에 있는 사람은 누구나 바가반께서 자신만을 보고 있다는 느낌을 받았어요. 그 분은 우리들 각자에게 자비의 눈길을 주셨고, 우리는 깊은 사마디에 빠졌어요. 그 분의 눈만 들여다보아도 우리는 명상이 무엇인지 알 수 있었는데 제자들은 누구나 이 같은 경험을 했죠. 누구에게 물어봐도 같은 대답일거예요. 한 번은 그분께서 제게 그런 눈길을 오랫동안 주셨고, 저는 사마디에 빠져들었어요. 바가반께서는 신문을 읽고 계셨고 편지가 배달되는 등 주위에서는 평소와 다름없는 일들이 벌어지고 있었지만 저는 제 육신을 비롯한 주변의 일은 전혀 인식하지 못하고 있었어요."

진지한 구도자들이 그의 곁에 몰려들었고, 이들의 간절한 열망은 지금까지 한 번도 겪어보지 못한 방식으로, 이들에게 그대로 보답되었다. 마하리쉬는 제자들에게, 비록 사람이 혜안을 얻고, 초자연적인 소리를 듣고, 심지어 자신의 모습을 사라지게 하는 능력이나, 물건을 만들어 내는 초능력을 얻는다 해도, 마음이 완전히 침묵하여 '나'의 씨앗인 가슴 속 깊이 가라앉지 않으면, 진정한 나를 깨달을 수 없다고 가르쳤다. 그의 안내는 제자들로 하여금 육체와 마음의 한계를 벗어나 가슴 속의 순수한 '나'를 일깨우도록 하였다.

마하리쉬의 충실한 제자 중 한사람이었던 N.R. 크리슈나무르티 아이어 교수는, 1934년 스승 앞에 앉아 있던 일을 이렇게 회상한다.

"라마나 앞에 앉아 있었어요. 제 주변에 무슨 일이 일어나는지 아무것도 의식할 수가 없었어요. 마치 오목 렌즈에 비쳐진 빛을 보듯이 단 한줄기의 빛이 한 곳으로 집중되었죠. 자정 무렵, 모든 빛은 오목 렌즈처럼 참가슴으로 집중되기 시작했어요. 그리고는 빛이 가슴으로 흘러 들어 왔어요. 쿤달리니(뱀의 힘이라 불리는 요가적 힘, 샥티 즉 에너지)가 완전히 참가슴 속으로 빨려 들면서 가슴이 열렸지요. 그것이 바로 라마나의 자리지요.

참가슴은 보통은 닫혀 있으나, 그것이 열리게 되었을 때 -이것은 어떤 이론이나 이야기가 아니라 제가 직접 경험한 것인데- 넥타(감로, 생명수, 소마)가 흘러나와 내 피부의 모든 모공을 채우고 내 몸 전체를 적시고는 끝없이 흘러 온 우주를 채웠죠.

놀라운 것은 나의 자각이 내 몸 속에 있는 것이 아니라, 넥타로 채워진 온 우주 너머에 있다는 것이었지요. 온 우주가 넥타였어요. 저는 그것을 '넥타'라 부르지만 '에테르'라고 해도 상관없겠죠? 그것은 모든 부분의 자각과 연결된 매우 신비한 것이었어요. 모든 생명체, 또 비생명체들조차 넥타의 바다 위에 눈송이처럼 떠다녔죠. 내 몸이 무엇이었냐고 묻는다면 그것은 넥타로 채워진 우주라고 답하겠어요."

눈빛과 존재의 힘만으로도, 그는 사람의 마음에 영향을 주었으며, 이로써 제자들은 완벽한 실재를 경험하게 되었다. 그는 자주 말하기를, 진정한 가르침은 침묵에 있다고 했으나, 그렇다고 그에게서 언어적 가르침이 없었던 것은 아니다. 그는 또한 여러 가지 영적 수행 방법을 가르쳤으나, 자기 탐구의 길에 가장 큰 중점을 두었다.

"마음 속에서 일어나는 모든 생각 중에 가장 먼저 일어나는 생각이 '나'라는 생각이다. 이 '나'라는 생각이 일어나고 나서야, 수많은 다른 생각이 일어난다. 이 '나'라는 생각의 근원이 어디인지 마음 안쪽으로 깊게 파고들어 가다보면, '나'는 어느새 무너져 내리고 만다. 그때, 참실재로서의 '나'가 '나'로서 나설 것이다. 그것은 비록 '나'라고 말하고 있으나, 자아를 의미하지는 않는다."

갖가지 종교를 가진 사람들이 그를 찾았으나, 마하리쉬는 결코 그들에게 개종하거나 세상과의 관계를 끊으라고 가르치지 않았다. 그는 사람들의 질문에 참을성 있게 답해 주었으며, 결국은 그들을 나로 이끌었다. 그는 "그대가 누구인지 알면 나머지 모든 것도 깨닫게 될 것이다."라고 말하곤 했다. 누군가 그에게 행복에 대해 묻자, 그는 "행복은 그대의 진정한 성품이다. 만약 그대가 자신을 몸이나 마음과 동일시한다면 그대는 한계를 느끼고 고통을 받게 된다. 참된 행복의 문을 열기 위해서는 그대의 진정한 나를 깨달아라. 나는 바로 실재이며 참된 지고의 진리로서, 그것은 그대가 지금 보고 있는 모든 세계의 중심이다. 모든 '나' 속의 나. 몸이 곧 나라는 생각과 구분되는, 단 하나의 참된 불멸의 나가 그것이다."

그는 한 번도 사람들에게 수행을 위해 출가하거나 산에 들어앉아야만 한다고 말한 적이 없다. 수행에 방해가 되는 것은 바로 자신의 마음이며, 그것은 집에서건 산중에서건 극복해야 할 것이라고 그는 말했다. "어째서 일상의 일이 영적 수행에 방해가 된다고 생각하는가? 활동을 포기한다는 것은 아무 활동도 하지 않는 것이 아니고 그 활동이나 결과에 대한 집착을 버리는 것을 뜻하며, 그것은 곧 내가 행위자라는 개념을 버리는 것이다."

그의 가르침은 또한, 겉으로 드러나는 형식이나 의식을 요구하지 않았다. 다만 모든 종교의 근원이자 궁극적인 결말이 될, 자기 자신의 진정한 참존재를 향해 곧장 나아갈 것만을 요구했으며, 이것은 신분이나 성별, 주변 환경에 관계없이 누구나 행할 수 있다고 그는 가르쳤다.

마하리쉬는 자신의 가르침을 실천하며 살았다. 실제로 그의 삶은 숭고한 나를 깨달은 자의 상태를 그대로 보여주는 것이었다. 비록 그는 순수한 자각의 상태에 고정되어 있었으나, 그의 육신은 자연의 법칙을 비껴갈 수 없었다. 시간이 지나면서 그는 류머티즘에 시달리고, 날로 쇠약해져 갔다. 1949년 초, 그의 왼쪽 팔꿈치에 작은 혹이 생겼다. 그것은 곧 수술로 제거되었으나, 후에 재발했고, 악성종양으로 진단되었다. 1949년 12월에 한 네 번째 수술은 상당히 힘든 수술이었음에도 불구하고, 마하리쉬는 끝내 마취를 거부하였다. 수술이 끝난 뒤 한 제자가 아프지 않았느냐고 묻자 그는 "고통도 바로 우리의 일부분이다."라고 대답하였다.

이 종양으로 심한 고통을 당하면서도 그는 여전히 사람들을 맞아들이고 제자들을 가르쳤으며 자신의 병을 걱정하는 사람을 도리어 위로하였다. "그대는 마치 내가 어디로 가는 것처럼 슬퍼하고 있구나. 내가 어디로 가겠으며 어떻게 가겠느냐? 가고 오는 것은 몸에 있지 나가 어디로 가겠느냐?" 재발한 종양은 왼쪽 팔에서 점점 커지더니, 그의 혈액을 부패시키고, 결국은 티없이 순수하고 자비로운 성자의 생애를 마감 짓게 만들었다.

그의 말년에 크나큰 육체적 고통이 찾아왔지만, 마하리쉬는 한 번도 불평한 적이 없었다. 그는 육신의 존재, 혹은 부재에 대해 거의 무관심한 듯 보였고, 육신이 있다는 것조차 거의 깨닫지 못하는 것처럼 보였다. 제자들은 점점 쇠약해져 가는 스승을 보며, 그가 떠날 시간이 다가왔음을 느끼고 슬퍼하였다. 마하리쉬는 제자들이 육신에 너무 집착한다고 말하면서, 자신의 영향력은 제자들 눈앞에 보이는 병든 육신에 국한되어 있지 않음을 거듭 강조하였다.

1950년 4월 13일, 의사가 그에게 효험 있다는 약을 가져왔으나, 그는 그것을 거절하면서 "약은 필요치 않다. 모든 것은 이틀 안에 닥칠 것이다."고 말했다. 그의 죽음이 얼마 남지 않았음을 알고 아쉬람을 운영하던 사람들이 그에게 그가 죽은 뒤 아쉬람을 어떻게 운영해야 할지를 물었다. 그러자 마하리쉬는 이렇게 말하였다.

"이 아쉬람을 지금까지 누가 운영해왔다고 생각하는가? 이 아쉬람이 나의 뜻이나 지시로 움직였다고 생각하는가? 이 아쉬람은 전지전능한 유일한 힘에 의해 운영되어 왔고 앞으로도 그것이 이 아쉬람을 돌볼 것이다. 그대들은 아쉬람의 운영에 대해 걱정할 필요가 없다."

다음 날, 많은 사람들이 몰려와 방을 가득 채우고 밖에까지 긴 줄로 늘어섰다. 질병에 시달린 그의 육신은 쇠약해지고, 갈비뼈가 앙상하게 나왔으며, 살갗은 검게 변해 있어, 고통의 흔적이 역력했다. 그럼에도, 마하리쉬는 생애 마지막 순간까지, 때때로 정신을 차려 방문객 한 사람, 한 사람에게 직접적이고도 분명한 깨달음의 눈빛을 보내주었다. 그는 말하기를 "나는 죽지만 어디 가는 것이 아니다. 내가 어딜 갈 수 있겠느냐? 나는 여기 있다."고 여러 차례 반복해 말하였다. 이것은 그의 육신이 생을 다하였다고 해서 그의 자비와 가르침이 방해받지는 않을 것임을 의미하는 말이었다.

그는 가까이에 있던 쉬바난다 스와미에게 문득 말하였다.

"산토샴(나는 기쁘다. 고맙다)." 쉬바난다가 깜짝 놀라서 바라보니 그는 다시 설명을 하였다. "영어에는 Thank you라는 말이 있지만 우리는 그냥 산토샴이라고 한다."

바로 그날 저녁 마지막 순간이 오기 직전, 홀 밖에 앉아있던 제자들이 아루나찰라 쉬바를 부르기 시작했다. 그것을 들은 슈리 바가반의 눈이 조용히 빛났다. 그는 뭐라 형용할 수 없이 다정한 미소를 지어 보였다. 그의 눈에는 기쁨의 눈물이 흘렀다.

이윽고 깊은 숨을 한 번 내쉬더니 그것으로 끝이었다. 그에게는 고통이나 경련, 혹은 그 밖의 어떤 죽음의 신호도 없었다. 단지 더 이상 숨을 쉬지 않는다는 것뿐이었다.

그 순간 홀 밖에 모여 있던 제자들은 방안에 환한 빛이 가득 차있는 것을 보았다. 그들이 놀라움으로 말을 잊고 있을 때 "빛이다. 빛이다." 하는 소리들이 들렸다. 거대한 유성 하나가 천천히 밤하늘을 가로지르더니 아루나찰라 산 뒤로 사라져 버렸다. 많은 이들이 이것을 목격했고, 심지어 멀리 마드라스에서도 이것을 목격한 사람들이 있었다. 때는 1950년 4월 14일, 밤 8시 47분이었다.

다음 날, 제자들은 무덤을 파고 그의 시신을 모셨다. 가득 모여든 인파는 슬픔에 잠겨 그를 들여다보았다. 쉬바를 상징하는 반짝이는 검은 돌로 만든 링가가 그의 무덤 위에 세워졌다. 그 후, 몰려든 인파는 흩어져 돌아갔다. 그리고 스승을 잃은 충격이 서서히 가시자, 제자들은 다시 티루반나말라이로 돌아왔다.

스승은 이렇게 말했었다. "나는 죽지만 어디 가는 것이 아니다. 내가 어딜 갈 수 있겠느냐? 나는 여기 있다." 그들은 이 말이 진리임을 곧 깨달았다. 지금까지 그 어느 때보다도, 마하리쉬는 그들의 내적인 구루가 되어, 보다 활발하게, 보다 직접적으로 구도자들을 안내하고 있었던 것이다. 제자들은 그들이 어디 있던 간에 스승의 자비와 도움을 얻었고, 그의 내적 존재를 단순히 느끼는 정도가 아니라, 그 영향력이 전에 없이 강해졌음을 느꼈다.

마하리쉬의 육체의 모습이 사라진 후에도 그의 이름과 명성은 날로 높아만 갔다. 지금도 수많은 사람들이 그의 무덤을 찾아, 그의 존재의 강한 영향력을 느끼곤 한다. 생전에 그가 기거하던 아쉬람 주변에는 많은 집과 오두막들이 들어섰다.

그의 어머니 무덤 곁에 세워진 사원 역시, 보다 강력한 영적인 힘으로 가득 찼다. 이곳에서도 마하리쉬가 생전에 행했던 일상은 지금도 변함없이 계속되고 있다. 날로 늘어나는 전세계의 순례자들의 요구에 부응하기 위해, 아쉬람의 규모와 범위는 전에 없이 확장되었다.

삶에는 의미와 목적이 있으며, 모든 존재의 가슴 속에는 파괴할 수 없는 실재와 비유할 수 없는 아름다움, 완벽하게 평화로운 삶, 그리고 천상의 기쁨이 있다는 것을 온 인류에 보여주기 위해, 마하리쉬는 그의 생을 살며, 침묵의 힘으로, 가르침을 전했다. 그는 바로 이러한 진리의 화신이었다.

슈리 라마나스라맘을 방문하는 자는 누구든 즉시 바가반 슈리 라마나 마하리쉬의 성스런 존재에 사로잡히게 된다. 그 참존재는 바로 지금, 여기에 있으며, 모든 것의 나로 있다.

오! 지고함 그 자체이신 아루나찰라여.
은총으로 가득 찬 감로의 바다시여.
그대 광휘로써 이 우주를 삼키소서!
그대 빛나는 태양이 되시어
제 가슴에서 희열의 연꽃을 피우소서!

라마나 프라사담 오픈 기념 출판물

불멸의 의식

초판 1쇄 발행 2008년 5월 6일
초판 2쇄 발행 2017년 4월 17일
개정판 1쇄 발행 2024년 10월 30일

지은이 라마나 마하리쉬
옮긴이 김병채

펴낸이 황정선
펴낸곳 슈리 크리슈나다스 아쉬람
출판등록 2003년 7월 7일 제62호
주소 경상남도 창원시 북면 신리길 35번길 12-12
대표전화 (055) 299-1399
팩시밀리 (055) 299-1373

전자우편 krishnadass@hanmail.net
카   페 cafe.daum.net/Krishnadass

ISBN 978-89-91596-99-3 (03270)

printed in Korea

* 잘못 만들어진 책은 바꾸어 드립니다.